Josef Zotter

Alles Schokolade!

Meine liebsten Rezepte für die süße Küche

UEBERREUTER
GUSTO

Josef Zotter steht für Nachhaltigkeit und Fairtrade. Deshalb seine Empfehlung: »*Verwenden Sie nach Möglichkeit Bioprodukte!*« Die Zubereitung der Rezepte im Buch funktioniert natürlich auch mit konventionellen Zutaten.

ISBN 978-3-8000-7440-2

Redaktion: Barbara Knapp, Wolfgang Schlüter
Covergestaltung/Innenlayout: Ursula Kothgasser, www.koco.at
Coverillustration: Andreas H. Gratze, www.a-h-g.at
Fotos: © GUSTO/Stefan Liewehr *(S. 22–27, 30, 31, 32, 33, 36, 37, 38, 39, 48, 49, 54, 55, 56, 57, 58, 59, 60, 61, 74, 75, 76, 77, 84, 85, 88, 89, 90, 91, 102, 103, 104, 105, 110, 111, 112, 113, 118, 119, 124, 125, 134, 135, 136, 137, 138, 139, 140, 141, 146, 147, 148, 149, 150, 151, 162–171, 174, 175, 178, 179, 184, 185, 192–205, 218, 219)*.
Eisenhut & Mayer *(S. 34, 35, 44, 45, 46, 47, 70, 71, 80, 81, 82, 83, 100, 101, 106, 107, 114, 115, 126, 127, 130, 131, 132, 133, 142, 143, 154, 155, 156, 157, 158, 159, 172, 173, 176, 177, 186, 187, 212, 213).*
Theresa Schrems *(S. 40, 41, 42, 43, 50, 51, 52, 53, 62, 63, 64, 65, 72, 73, 78, 79, 152, 153, 182, 183, 188, 189, 206, 207, 210, 211, 216, 217, 220, 221).*
Ulrike Köb *(S. 68, 69, 92, 93, 98, 99, 128, 129).* Trizeps *(S. 96, 97).*
Michael Markl *(S. 122, 123, 208, 209, 214, 215).*
© www.infozentrum-schoko.de (S. 14), © Josef Zotter (S. 16).
© fotolia.com: OWE *(florale Struktur ab S. 5)*, ExQuisine *(S. 20)*. © E. Schwarze *(S. 8)*
© Herbert Lehmann *(S. 10, 11)*. © www.bigshot.at/Christian Jungwirth *(S. 28)*

Herzlichen Dank auch an die GUSTO Rezept-AutorInnen für ihre Mitarbeit bei der Rezeptentwicklung und für das Foodstyling: Michael Billovits *(S. 103, 105, 141, 198, 199, 200, 201, 203);* Christine Egger *(S. 73, 75, 77, 93, 129, 131, 187);* Dietmar Fercher *(S. 31, 83, 97, 111, 119);* Hans Peter Fink *(S. 69, 217);* Herwig Gasser *(S. 81);* Alexander Grunert *(S. 147);* Klaus Hanauer *(S. 36, 71);* Gerti Hütter *(S. 163);* Franz Karner *(S. 219);* Alexander Knakal *(S. 32, 34, 39, 40, 45, 47, 51, 52, 55, 59, 61, 63, 65, 79, 85, 99, 107, 115, 125, 127, 133, 135, 137, 139, 143, 153, 155, 157, 159, 165, 167, 171, 175, 177, 179, 183, 185, 189, 193, 195, 196, 197, 205, 211, 221);* Michaela Kotányi *(S. 101);* Dietmar Muthenthaler *(S. 48, 89, 113);* Alexander Rieder *(S. 173);* Gerhard Mandl und Patrick Reif *(S. 43).*

Druck: Druckerei Theiss GmbH, A-9431 St. Stefan i. Lav.
7 6 5 4 3 2 1

Ueberreuter im Internet: www.ueberreuter.at
GUSTO im Internet: www.gusto.at

Inhalt

Josef Zotter
Schokoladenmanufaktur

Vorwort

Als ich noch ein kleiner Bub war, gab es bei uns zu Hause eine Schublade, die immer verschlossen war. Darin lag sie, die Schokolade, die meine Eltern nur ganz selten hervorzauberten. Ich habe Stunden damit verbracht nach dem Schlüssel für diese »Schoko-Lade« zu suchen. Als ich groß war, wollten meine Eltern mir den Schlüssel samt dem Schlüsselbund für unser Landgasthaus und unsere Landwirtschaft geben, doch da wusste ich schon, dass ich eigentlich nicht nur diese eine Schublade öffnen wollte, sondern den Schlüssel zum Geheimnis der Kulinarik suchte.

Wie alles begann

Ich bin hinaus in die Welt und habe eine Koch/Kellner-Ausbildung gemacht. Mit dem Handwerkszeug im Gepäck startete ich meine Kochkarriere. Ich sonnte mich im Glanz der Reichen und Schönen, die in den Tophotels der Welt verkehrten, und glaubte, ich hätte es geschafft. Aber irgendwie nagte mein Ehrgeiz an mir und ich stieg von meinem hohen Ross ab, um noch einmal in die Lehre als Konditor zu gehen. Und da schlich sich die süße Leidenschaft wieder in mein Leben. Es faszinierte mich, wie glücklich man Menschen mit guten, vor allem süßen Speisen machen konnte. Damit hatte ich gefunden, was ich wollte. Und ich fand auch meine Frau, mit der ich zusammen unsere erste Konditorei in Graz eröffnete.

Das »Zotters« war schon damals irgendwie anders. Statt der üppigen Sahnetorten servierten wir unserem Publikum ganz leichte Torten mit frischen regionalen Zutaten. Der Laden lief und unsere Kinder lernten laufen. Leider kam ich dann ins Stolpern, weil ich binnen kurzer Zeit noch drei weitere Läden eröffnet hatte. Wir mussten Insolvenz anmelden. Ich steckte in der tiefsten Krise meines Lebens. Was sollte aus meiner jungen Familie werden?

Wiedergeburt im Zeichen der Schokolade

Wieder suchte ich wie verrückt nach dem Schlüssel und ich fand ihn. Während der ganzen Zeit in der Konditorei habe ich nebenher am Abend und am Wochenende im Hinterstübchen handgeschöpfte Schokoladen kreiert. Ich beschloss, mich dieser Leidenschaft ganz zu widmen und einen Neuanfang als Chocolatier zu wagen.

Da uns nach dem finanziellen Ausgleich nicht viel geblieben war, kehrten wir 1999 auf den Hof meiner Eltern zurück und bauten im Sommer den ehemaligen Stall zu einer kleinen Schokoladenmanufaktur aus. Der Produktionsraum konzentrierte sich bei uns auf zwei Tische. In langen Bahnen gossen wir darauf Schokolade aus. Das war die Grundschicht und darauf streuten oder strichen wir mehrere Füllschichten, beispielsweise ein mit Eierlikör verfeinertes Marzipan und darauf eine Schicht fein gerösteter Kürbiskerne. Bis zu sechs unterschiedliche Schichten konnte eine Schokolade haben, bevor sie abschließend noch unter der Schokoladengussmaschine ihre Schokoladentaufe bekam. Dieses Schichtungsprinzip habe ich mir ausgedacht, um den Geschmack zu differenzieren. Erst schmilzt die Hülle und dann die Fülle und dazwischen geschehen ganz wunderbare aromatische Synergien. Das ist das Geheimnis der handgeschöpften Schokoladen.

Ich habe immer auf Qualität gesetzt, denn aus einem minderwertigen Stoff kann man nichts Gutes zaubern. Ich erfand immer wieder mehr neue Sorten, die es bislang auf dem Markt nicht gegeben hatte. Hanf und Mocca, Kürbiskern-Marzipan, Sesam-Sauerkirsch und Chili. Bis heute, wo es erstmals KUNST STOFF, eine Komposition aus rosa Kokos mit Fischgummi, gibt. Ich wollte Schokoladen für den individuellen Geschmack schaffen. Vielfalt war unser Programm. Mein Freund Andreas H. Gratze erfand dann noch eine kunstvolle Verpackung für unsere Schokoladen. Mit diesem Gespann aus Qualität, Kreativität und Innovation besetzten wir eine Nische im Schokoladen-Markt.

Und dann gelang uns der Durchbruch. »Chocolat«, der Film mit Johnny Depp, war gerade in den Kinos angelaufen und plötzlich richtete alle Welt den Blick auf uns kleine Chocolatiers. Edelschokolade war so angesagt, wie schon seit Jahrhunderten nicht mehr.

Ingenieur und Regisseur im Zeichen des Genusses

Wir bauten aus und ich entwarf sogar eigene Maschinen für unsere Schokoladen-Manufaktur. Wir integrierten eine Running-Chocolate-Bar in unsere Manufaktur, weil ich es so wichtig finde, dass die Menschen wissen, was sie essen, und ich den Austausch mit meinem Publikum liebe. Beim Running-Chocolate konnten die Besucher durch eine Panoramascheibe in die Produktion blicken, bekamen diese erklärt und konnten dabei gleichzeitig Schokolade naschen.

Heute bieten wir nach einem zweiten Ausbau in unserem Schoko-Laden-Theater eine aufregende Verkostungsexpedition an. Unsere Besucher wandern auf gläsernen Pfaden durch das transparente SchokoladeWerk und erleben, wie Schokolade von der Bohne weg entsteht. An diversen Verkostungsstationen kann man die Verwandlung der Bohne in Schokolade auch geschmacklich nachvollziehen und frisch geröstete Kakaobohnen oder Schokoladenrohmasse kosten. Im KakaoKino zeigen wir, wie und wo Kakao angebaut wird. Natürlich gibt es auch all unsere Produkte an vielen kreativ inszenierte Naschstationen zu kosten. Mit Doppelmayr zusammen haben wir schließlich die kleinste Gondelbahn der Welt installiert, um unseren Besuchern Trinkschokolade quasi online zu servieren.

Kreativität kennt keinen Stillstand

Leidenschaft ist ein Motor. Ich habe mich nie auf unserem Erfolg ausgeruht, sondern immer weiterexperimentiert und in die Herstellung besonderer Schokolade investiert. Wir bringen jedes Jahr zumindest etwa 40 neue Sorten auf den Markt. Nach den handgeschöpften Schokoladen haben wir noch sieben weitere Schokoserien eingeführt. Schokolade ist schließlich so herrlich wandelbar. Angefangen hat es 1998 mit der Trinkschokolade. Ich hatte mich damals auf die Spuren der Schokoladengeschichte begeben und entdeckt, dass Schokolade ursprünglich ein Getränk war. Mit dem herkömmlichen Kakao, den wir kennen, hatte dieser Urtyp von Schokolade wenig zu tun. Trinkschokolade war ein ganz luxuriöses Getränk mit Klasse. An diese Tradition habe ich mit meinen Trinkschokoladen angeknüpft. Seit ich meine Schokolade bean-to-bar im hauseigenen SchokoladeWerk produzieren kann, gibt es auch gegossene Trinkschokoladen. Gegossen heißt, dass die Schokoladen keine Füllung haben, sondern gleich mit allen Bestandteilen und Gewürzen in eine Form gegossen werden.

Die Produktionstechnik für Schokolade ist sündteuer. Und solange ich mir die gesamte Technik vom Rösten über Feinwalzen bis hin zum Conchieren nicht leisten konnte, habe ich mich auf das Erfinden von ausgefallenen Füllungen verlegt. Ich wollte schließlich authentisch sein.

Als frisch gebackener Bean-to-bar-Produzent brachte ich als erstes Kuvertüre auf den Markt. *BASIC* gab es gleich in 13 unterschiedlichen Sorten, damit man auch zu Hause auf hohem Niveau mit Schokoladen arbeiten konnte. Im Jahr darauf wagte ich den Sprung zu gegossenen Tafeln. Es gab die feinen kleinen *Nashis* für die Hotellerie und die *Labookos*. Bei den Labookos ging es erstmalig richtig um Kakao. Vom Konzept her stecken in einer Tafel Labooko immer zwei unterschiedliche Sorten. Darauf gibt es auch ein Patent. Ich möchte, dass man über den Vergleich die Unterschiede im Kakaogeschmack kennenlernt. Die Labookos sind so eine Art Kakaoschule für die Sinne. Wir verarbeiten da die Ernten von einzelnen Kakaokooperativen, also Kakao aus ganz ausgewählten Anbauregionen. Man könnte auch von »sortenreiner« Verarbeitung sprechen, aber das stimmt nicht ganz. In einem Kakaowald wachsen meistens viele verschiedene Sorten nebeneinander, deshalb unterscheiden wir beim Kakao nicht nach Sorten, sondern nach Anbauregionen oder einzelnen Bauern. Bei den Labookos geht es auch ganz klar um Kakaoprozente und um die Art der Verarbeitung. So habe ich beispielsweise zwei 60-prozentige Schokoladen im Vergleich. Die eine ist eine 60-prozentige Milchschokolade und die andere eine 60-prozentige dunkle Schokolade. Das ist ganz spannend, weil die Milchschokolade in

dem Fall eher bitter und die dunkle Schokolade eher süß schmeckt. Mit meiner neuen Marke *MitziBlue* bin ich weiter in diese Richtung gegangen. MitziBlue ist gegossen, rund und recht flott. Und rund sind auch die *balleros*. Nüsse und Früchte werden so lange in Schokolade gerollt, bis daraus feine Schoko-Knabbereien entstehen. Seit 2009 gibt es außerdem eine Bio-Konfektlinie mit außergewöhnlichem Design (z. B »chocoinjektion«, die tatsächlich in Einwegspritzen präsentiert werden: Schokoladegenuss in fast flüssiger Form – ein völlig neues Essgefühl!). Und die Ideen für die folgenden Jahre gehen uns nicht aus …

Der faire Genuss mit reinem Gewissen

Manchen macht ja Schokolade ein schlechtes Gewissen, mir nicht. Erstens, weil ich trotz meiner Passion und Profession Schokolade nur in Maßen genieße, und zweitens, weil wir in unserer Produktion nur Bio-Produkte und fair gehandelte Rohstoffe verwenden. Da geht es nicht um den blanken Konsum, um den größten Profit. Und das sehe ich als Produzent genauso. Wenn Sie selbst Kinder haben, werden Sie auch wissen, wie es sich anfühlt, wenn man darüber nachdenkt, was nach uns kommt. Soziale Kompetenz und nachhaltiges Wirtschaften stehen bei mir ganz oben auf der Tagesordnung. Vielleicht kennen Sie die Berichte über die Ausbeutung und Kinderarbeit beim Kakaoanbau. 100-g-Schokoladen für 1 Euro werden auf Kosten der Ärmsten dieser Welt produziert. Dass es auch anders geht, beweist der faire Handel. Faire Entlohnung, Verbot von Kinderarbeit und Schulpflicht, Sicherung von sozialen Standards, Frauenprogramme und ein Zugang zum Weltmarkt, um nur die wichtigsten Punkte zu nennen.

Ich reise oft in die Anbaugebiete, um unsere Kakaobauern in ihren Regenwald-Kakaogärten zu besuchen, und ich freue mich, dass es funktioniert. In Nicaragua, das ja das zweitärmste Land Lateinamerikas ist, haben wir in drei Kakaokooperativen ein Entwicklungshilfeprojekt gestartet. »Qualität statt Armut« heißt das Programm, in dem wir versuchen durch enge Zusammenarbeit, Abnahmezusicherungen und Know-how-Transfer die Qualität der Ernten zu verbessern. Wenn die Kleinbauern auf Qualität setzen, haben sie eine reelle Chance gegen Massenprodukte am Markt. Ob dieses Engagement erfolgreich sein wird, entscheiden Sie als Kunde mit Ihrem Einkauf.

Die süßen Seiten des Lebens wünscht Ihnen

Sepp Zotter

Mythos Schokolade

Mönche mixten die besten Schokoladen. Ich vermute, sie waren so gut darin, weil man den Bohnen als »Speise der Götter« göttlichen Ursprung nachsagte. In Europa wurde Schokolade zunächst nicht als Genussmittel, sondern als indianisches Heilmittel Cococulata indic. eingeführt und vorwiegend in Apotheken vertrieben. Dieser Ansatz ist ganz richtig, denn Kakao ist ernährungswissenschaftlich gesehen gesund. Wer Schokolade in Maßen genießt, tut sich etwas Gutes. Doch Leidenschaft ist nicht maßvoll – das Vertriebskonzept ist gescheitert und die Schokoladeneuphorie ausgebrochen.

Lateinamerika, die Wiege des Kakaos

Die Geschichte der Schokolade beginnt natürlich schon viel früher. Wir Europäer haben Schokolade ja nur als pfiffigen Kulturimport aus Lateinamerika eingeführt. Die Regenwälder Lateinamerikas sind die Wiege des Kakaos. Wann die Kulturgeschichte genau begann, lässt sich heute nicht mehr eindeutig sagen, irgendwann zwischen 1500 und 500 v. Chr., als die Erfinder der Schokolade, die Olmeken, das feuchttropische Tiefland der mexikanischen Golfküste besiedelten. Sie gebrauchten das erste Wort für Kakao: *ka-ka-w(a)*. Viel mehr ist nicht bekannt, aber die Olmeken trieben als Hochkultur mit den umliegenden Kulturen Handel und so erfuhren auch die Tolteken, Mayas und Azteken vom Kakao.

Ein Getränk namens Xocolatl

Manchmal denke ich mir, dass sicher die bunten Kakaofrüchte, die selbst an einem Baum in verschiedenen Farben leuchten, die ersten Hochkulturen Lateinamerikas dazu verführten haben, mit den Bohnen zu experimentieren. Sie zauberten aus den bitteren Kakaobohnen ein neues Kultgetränk: xocolatl. »Xócoc« wie bitter, »atl« wie Wasser. Die erste Schokolade war also ein Urtyp der Trinkschokolade.

Die Mayas haben sich auch schon die ersten Veredlungsprozesse einfallen lassen, um durch Trocknungs- und Röstungsverfahren die Bitterstoffe der Kakaobohnen etwas zu zähmen. Außerdem begannen sie ihre *xocolatl* mit Gewürzen wie Vanille, Chili oder Blütenblättern aufzupeppen.

Braunes Gold für Montezuma

Schokolade war ein Geschenk der Götter und nur die Mächtigen und Einflussreichen durften sich an ihr laben. Man erzählt sich auch, dass der letzte aztekische Herrscher Montezuma bei Festen bis zu 50 Tassen aufgeschäumten Kakao getrunken haben soll. Eine imposante Zahl, von der er keine Bauchschmerzen, sondern

Weisheit, gewaltige Energie und gesteigerte sexuelle Potenz bekam. Das nahm man jedenfalls an.

Tatsächlich durfte Schokolade bei keinem offiziellen Anlass fehlen, ob zu Hochzeiten oder als Grabbeilage für die Toten. Wer Kakaobohnen besaß, konnte sich etwas leisten – so das Image von Schokolade. Mit Kakaobohnen konnte man damals aber auch tatsächlich bezahlen. Sowohl die Mayas als auch die Azteken setzten Kakaobohnen als Zahlungsmittel ein. Kakao war keine schlechte Währung, wenn man die Kaufkraft betrachtet: Ein Truthahn kostete 200 Kakaobohnen, ein Sklave 100, eine Prostituierte bekam man für glatte 10 und eine Tomate kostete immerhin noch 1 Kakaobohne.

Das »braune Gold« war so wertvoll, dass man es sogar fälschte. Dazu musste man die Bohnen nur eine Zeit lang in Wasser aufquellen lassen und schon sahen sie größer und damit wertvoller aus. Und hätte der spanische Eroberer Hernán Cortés mit seinen Geld-Plantagen die Kakao-Währung nicht in die Inflation getrieben, so wäre ich heute wohl ein gemachter Mann. Die Geschichte wollte es anders und 1536 wurden die Kakaobohnen vom spanischen Peso abgelöst.

Ein Kultgetränk erobert Europa

Christoph Kolumbus war der erste Europäer, der mit Kakao in Berührung kam. Auf seiner vierten Reise 1502 in die »Neue Welt« kaperte er ein voll beladenes Handelsschiff der Maya. Neben Baumwolltexilien, Keramik und Äxten waren auch Kakaobohnen geladen. Weshalb die Indios aber so viel Aufsehen wegen der paar heruntergefallenen »Nüsse« machten, blieb dem Entdecker schleierhaft. Er kam nie hinter das Geheimnis der Kakaobohnen. Kein Wunder, er hatte kein Insiderwissen, um von den unscheinbaren Bohnen auf ein Kultgetränk zu schließen. Und so blieb das erste Intermezzo eines Europäers mit Kakao folgenlos.

Hernán Cortés ging die Sache anders an. Als er 1519 an der Küste des aztekischen Reiches landete, suchte er nach Gold. Das »braune Gold« zog natürlich schnell seine Aufmerksamkeit an. So entdeckten die Spanier Kakao nicht über seinen Geschmack, sondern über seinen Wert. Hernán Cortés ließ daraufhin die besagten Kakaoplantagen anlegen, wo er fortan sein »Geld« wachsen ließ.
1528 kam Kaiser Karl V. dann als erster europäischer Herrscher in den Genuss von Schokolade. Ob sie ihm geschmeckt hat, weiß man nicht genau. Denn die ersten Schokoladeimporte trafen den Geschmackssinn der Spanier nicht gleich auf Anhieb. Erst als man begann, Kakao mit Rohrzucker zu versüßen, gelang dem Getränk der Durchbruch.

Ende des 16. Jahrhunderts trank man in allen europäischen Herrschaftshäusern Schokolade. Und man genoss recht exzessiv: am besten schon morgens im Bett und abends vorm Schlafengehen noch einmal. Bei jedem Besuch natürlich auch. Manche Dame ließ sich ihren Kakao auch während des Gottesdienstes servieren, was den Priestern natürlich gar nicht gefiel. Maria Theresia bekannte schließlich: »Schokolade und der Kaiser sind meine einzigen Leidenschaften.«

Die steigende Kakaonachfrage blieb nicht ganz folgenlos. Die Kakaopflanzungen waren überwirtschaftet. Gerade als die Schokoladenkultur in Europa aufzublühen begann, ruinierte eine Epidemie die ursprünglichen Criollo-Kakaobestände. Fieberhaft suchte man nach neuen Pflanzen. Im Amazonasbecken wurden die Spanier fündig. Sie entdeckten den wild wachsenden Forastero-Kakao, den die Einheimischen schon kannten, aber bislang aufgrund des schlechteren Aromas nicht zur Kakaoerzeugung genutzt hatten. Nun wurden neben dem ursprünglichen Kerngebiet Forastero-Plantagen in Indonesien, Asien und den Philippinen angelegt. Seit dem 19. Jahrhundert wird Kakao auch in Afrika angebaut. Doch der Durchbruch zum Massenprodukt gelang erst mit der industriellen Revolution.

Die Industrie zwingt den Mythos in die Knie

Bis ins 19. Jahrhundert hinein blieb man bei der Schokoladeherstellung dem aztekischen Vorbild treu: Die gerösteten Bohnen wurden auf einem erwärmten Stein gemahlen, was im Prinzip dem Metate-Verfahren der Azteken entspricht.

1820 ging es dann los mit Conrad Johannes van Houtens Erfindung: Schokolade wurde in einer hydraulischen Presse bearbeitet. Durch die Reibungswärme schmolz die Kakaobutter und floss ab. Das Kakaopulver war erfunden und gleichzeitig fand damit die legendäre Geschichte der Trinkschokolade ihr Ende. Der industriell erzeugte Kakao verlor seine Aura, seine Einmaligkeit und sein Aroma.

Die britische Schokoladenmanufaktur »Fry & Sons« machte sich Van Houtens Erfindung zunutze und brachte 1847 die erste Schokolade im Tafelformat auf den Markt. Da es Nestlé Mitte des 19. Jahrhunderts gelungen war, frische Kuhmilch durch Erhitzung zu konservieren, konnte der Schweizer Daniel Peter 1875 auch schon die erste Milchschokolade anbieten. 1879 erfand der Schweizer Roderich Lindt das Conchieren. Die damalige Schokolade war noch sehr grobkörnig. Durch das Conchieren, ein bis zu 40 Stunden dauerndes, mechanisches Veredelungsverfahren, bekommen die zuvor gerösteten, klein gebrochenen, gemahlenen und gewalzten Kakaobohnen einen feinen Schmelz.

Kakao heute

Der Kakaobaum ist ein langer, dürrer Baum, dessen Rinde übersät ist von zarten weißen bis dunkelroten Blüten. Die zarten Knospen sprießen direkt aus dem Stamm, was man im Fachjargon als Stammblütler, Kauliflorie, bezeichnet. Er steht

das ganze Jahr über in Blüte. In Spitzenzeiten sind das mehr als 100.000 Blüten pro Jahr. Da aber nur eine einzige Mückenart die Blüten befruchten kann, reifen nur an die 50 Blüten zu Kakaofrüchten heran. Es gibt auch keinen Frucht – Blüten-Wechsel, sondern ein ganzjähriges Nebeneinander von Blüte und Frucht. Die Kakaofrüchte schmücken sich in gelb, rot, braun, violett oder grün. Das Farbspiel hat nichts mit der Reife der Früchte zu tun, es folgt einer eigenen Logik des Urwaldes, der uns mit seiner verschwenderischen Arten- und Farbvielfalt immer schon fasziniert hat.

Die länglichen, 15–25 cm langen Kakaofrüchte werden üblicherweise in drei Hauptsorten unterteilt:

Criollo (span. Einheimischer, Kreole) wird heutzutage gern als »der Edle« bezeichnet. Er ist die ursprünglichste Form des Kakaos, die früher fast ausschließlich in Venezuela beheimatet war. Criollo gilt als edel, weil er ein ausgezeichnetes Aroma besitzt. Aber er ist auch rar. Die Bestände machen ca. 1 % der Weltkakaoente aus. Criollo ist sehr anspruchsvoll, auf Monokulturen wird er sehr krankheitsanfällig.

Forastero (span. Fremdling) wurde von den Spaniern, die lange Zeit das europäische Kakaomonopol besaßen, in den Urwäldern des Amazonas entdeckt. Der robuste Forastero sollte die Nachfrage nach Kakao sichern, als die venezolanischen Criollo-Bestände nicht mehr ausreichten. Auf 80 % der weltweiten Kakaoanbauflächen findet man heute Forastero.

Trinitario ist ein Hybrid aus Criollo und Forastero. Er wurde nach seinem Ursprungsort, der Insel Trinidad, benannt.

Nacional: Der begehrteste Forastero-Kakao ist in Ecuador heimisch. Man kennt ihn auch als Arriba. Durch sein ausgeprägtes Aroma nimmt er eine Sonderstellung ein und wird häufig als vierter Kakaotyp gehandelt.

Auf den Spuren des Mythos

Seit den 90er-Jahren des vorigen Jahrhunderts haben Hersteller wie Amedei, Dolfin, Bonnat, Cluizel, Domori, Valrhona, Schaffenberger und wir den Versuch gestartet, den Mythos Kakao wiederzubeleben. Und wir haben es geschafft. Spätestens seit dem Jahr 2000 wird Schokolade wieder als Kult gefeiert. Bei unseren Schokoladen geht es wieder um Kakaoprozente, um regionalen Charakter, um Anbaugebiete und auch um nachhaltigen Anbau in Bio- und Fair-Qualität. Wir haben uns auf die individuelle Verarbeitung von Kakao spezialisiert – Maßarbeit und nicht Massenarbeit. Natürlich ist auch dieses Konzept nicht massenkompatibel, sondern in irgendeiner Form wieder elitär. Ob man das Geheimnis von guter Schokolade zu entdecken vermag, ist schließlich von einem selbst abhängig. Was man dazu benötigt, sind Bewusstsein für Qualität und Leidenschaft für Kulinarik.

Schokoladevielfalt

Was zeichnet qualitativ hochwertige Schokolade aus? Es beginnt beim Anteil an hochwertigen Kakaobohnen; dabei muss es sich um Rohware aus Anbaugebieten für Edelkakao handeln. Ebenso wichtig ist aber auch der Anteil der Kakaomasse im Verhältnis zum Zucker. Je höher dieser ist, desto dunkler und herber ist die Schokolade. Man unterscheidet zwischen Qualitätsschokoladen (dazu zählen auch Kuvertüren), Haushalts-, Koch- oder Blockschokoladen und anderen industriell hergestellten Schokoladeprodukten.

Qualitätsschokolade

Es gibt dunkle Schokolade, Milchschokolade, weiße und gelbe Schokolade und neuerdings auch Fruchtschokolade.

Dunkle Schokolade: Die Sorten »halbbitter«, »zartbitter« oder »edelbitter« zeichnen sich durch einen hohen Anteil, mindestens 50 %, an Kakao-Gesamttrockenmasse aus , bei den Sorten »bitter« oder»extrabitter« mindestens 60 %. Neben Kakao enthalten sie aber auch Kakaobutter, Zucker und Vanille.

Milchschokolade: Auch unter Alpen- oder Vollmilchschokolade bekannt; muss einen Gehalt von mindestens 25 % Kakao-Gesamttrockenmasse aufweisen. Weitere Zutaten sind Kakaobutter, Zucker, Milchpulver und Vanille. Es gibt unzählige Varianten, weil der Milch- und Kakaoanteil in jeder Rezeptur unterschiedlich hoch ist.

Weiße oder gelbe Schokolade: Streng genommen ist sie eigentlich keine Schokolade, auch ihre Aromenvielfalt ist eher gering. Durch das Fehlen der Kakaomasse entsteht die typische gelbe Färbung. Diese Schokolade wird ausschließlich aus Kakaobutter (die eine gelbe Farbe hat), Milchpulver, Zucker und Vanille hergestellt.

Fruchtschokolade: Auch diese neue Geschmacksrichtung findet ohne Kakaomasse das Auslangen. Im Vordergrund stehen hier aromatische Früchte, deren Geschmack durch Trocknen und Pulverisieren komprimiert wird. Sie besteht aus Zucker, Kakaobutter, Milchpulver und Fruchtpulver.

Kuvertüre: Diese Qualitätsschokolade zeichnet sich durch einen höheren Kakaobutteranteil (Fettgehalt) aus, was ihr neben vielen anderen Vorzügen auch die Eigenschaft verleiht, dünnflüssiger zu schmelzen. Sie wird von Konditoren und Patissiers sehr geschätzt und neben der klassischen Verwendung vor allem zum Tunken, ausgießen von Formen, zum Überziehen von Torten und zur Herstellung von Pralinen eingesetzt. Es gibt weiße oder gelbe, dunkle und Milch-Kuvertüre und neuerdings auch Fruchtkonvertüre.

Die wichtigsten Inhaltsstoffe

Wie bei vielen anderen Dingen im Leben gilt auch für die Zubereitung von Schokolade ein Grundsatz: Nur aus den besten Zutaten kann auch ein hervorragendes Produkt entstehen.

Kakaobutter: Die Kakaobutter ist ein ganz besonderer Rohstoff, der bei der Kakaoherstellung entsteht. Dabei wird in einer Presse das Fett aus den Bohnen gepresst. Die goldgelbe, klare Kakaobutter fließt heraus und härtet schnell aus. Kakaobohnen bestehen zu 50 % aus Kakaobutter. Normalerweise wird Kakaobutter desodorisiert, das heißt, ihr wird das Kakaoaroma entzogen, sie wird geschmacksneutral.

Zucker: Für meine Schokoladen verwende ich nur Vollrohrzucker und Rohrohrzucker. Diese Zuckerarten sind unraffiniert und enthalten daher neben Saccharose auch Mineralstoffe, Spurenelemente und Vitamine.

Milch: Sie enthält fast alle unentbehrlichen Aminosäuren, die unser Körper nicht selbst produzieren kann, und lässt uns pflanzliches Eiweiß besser verwerten. Milch liefert Magnesium und Jod, fettlösliche Vitamine und mehr Kalzium als jedes andere Lebensmittel. Wir verwenden Bio-Bergmilch. Unsere Bio-Bergmilch wird nicht homogenisiert.

Vanille: Für beste Qualität müssen echte Vanilleschoten verwendet werden. Nur echte Vanille kristallisiert und verleiht dem Produkt einen schönen Glanz. Künstliche Vanille hat niemals das gleiche Aroma wie echte, sie dient mehr als Appetitanreger und erfüllt in etwa die gleiche Aufgabe wie Geschmacksverstärker in Fleisch, Wurst und vielen anderen Lebensmitteln. Aus diesem Grund könnte man Vanillin auch als »Glutamat der Süßwarenküche« bezeichnen. Aus diesem Grund kann man von ehrlich und gut hergestellter Schokolade zumeist auch nur weniger essen, denn die klaren Schokoladearomen regen mehr den Genuss als den Appetit auf Schokolade an.

Sojalecithin: Lecithin ist in vielen Lebensmitteln enthalten, es fördert die Konzentration, wirkt sich positiv auf den Kreislauf aus und verzögert den Alterungsprozess. Im Bereich der Schokoladeerzeugung dient es dazu, dass sich die einzelnen Zutaten der Schokoladenmasse besser, gleichmäßiger und dauerhaft zu einer geschmeidigen Masse verbinden. Da unsere gelbe oder weiße Schokolade sowie die Fruchtschokoladen im Gegensatz zu den dunklen und Milchschokoladen einen geringeren Kakaobutteranteil besitzen, benötigen wir für die Produktion zusätzlich Lecithin. Wir verwenden nur Bio-Sojalecithin, das gentechnikfrei erzeugt wurde und für dessen Anbau nicht die letzten Naturreservate oder Regenwälder weichen müssen.

Zotter BASiC-Kuvertüren & Co

Viel Bewegung und neuen Schwung bringen die BASIC-Kuvertüren von Josef Zotter in den Schokoladenalltag. Viele innovative Sorten mit Kakaoanteilen von 30 % bis 100 % bilden die Grundlage für ungeahnte Geschmackserlebnisse.

Die Sorten

BASiC Mandel Gianduja: Ist das Gourmet-Pendant der Schoko-Nussmasse. Hier mit Mandeln realisiert. Mit 45 % Mandelanteil, Rohrohr- und Vollrohrzucker, reiner Kakaobutter, aromatischer Bergmilch und echter Vanille.

BASiC Haselnuss Gianduja: Schoko-Haselnussmasse. Mit 50 % fein gerösteten Haselnüssen, Rohrohr- und Vollrohrzucker, reiner Kakaobutter und Kakaobohnen. Zimt und echte Vanille verfeinern den Geschmack.

BASiC 30 gelb: Die weiße Kuvertüre ist bei uns gelb. Satte 30 % Kakaobutteranteil, natürliche Vanille und Rohrohrzucker bringen Farbe ins Spiel. Mit viel aromatischer Bergmilch.

BASiC 40 Bergmilch hell: Bergmilchkuvertüre mit 40 % Kakaoanteil verspricht kräftigen Milchgeschmack mit leichtem Karamellaroma. Sie beinhaltet Vollrohr- und Rohrohrzucker, reine Kakaobutter und echte Vanille.

BASiC 50 Bergmilch dunkel: Eine Milchkuvertüre mit 50 % Kakao und naturreiner Bergmilchschokolade. Achtung: Reine Kakaobutter, Vollrohr- und Rohrohrzucker und echte Vanille kitzeln den Gaumen.

BASiC 60 feinbitter: Dunkle Kuvertüre mit 60 % Kakaoanteil. Da springen die exotischen Aromen der Kakaobohnen an. Mit Rohrohrzucker und reiner Kakaobutter.

BASiC 70 nobelbitter: Kuvertüre mit 70 % Kakaoanteil mit samtigem Akzent. Der dunkle Klassiker mit Kakaobohnen, Rohrohrzucker und reiner Kakaobutter.

BASiC 80 smartbitter: Kuvertüre mit 80 % Kakaoanteil. Mit einer innovativen Produktionstechnik schaffen die Kakaobohnen, die Kakaobutter und der Rohrohrzucker den Durchbruch zum intensiven Geschmack.

BASiC 90 grenzbitter: Kuvertüre mit 90 % Kakaoanteil. Konzentrierter Kakaogeschmack; ist nur mehr ganz leicht süß.

BASiC 100: Grenzüberschreitung! – Kuvertüre ohne Zucker: Klarheit am Gipfel – reine Kakaomasse mit 100 % Kakaobohnen. Der Urstoff zum Weiterexperimentieren, der beliebig mit Zucker, Honig oder Gewürzen kombiniert werden kann.

BASiC 40 Soja hell: Die Alternative für Allergiker: eine helle Kuvertüre aus 40 % Kakao und Sojamilch. Mit Vollrohr- und Rohrohrzucker, reiner Kakaobutter und echter Vanille veredelt.

BASiC Kokosnuss: Eine ganz helle Kuvertüre mit den zarten exotischen Aromen der Kokosnüsse. 30 % Kakaobutteranteil, Vollrohrzucker, etwas Zitrone, Zimt und echte Vanille peppen diese außergewöhnliche Kuvertüre auf.

BASiC Schafmilch: Wer keine Kuhmilch will oder verträgt, kann mit dieser Kuvertüre unglaubliche Experimente machen. Mit 40 % Kakaomasseanteil und viel Schafmilch sowie Rohrohrzucker ist das eine Milchkuvertüre, die doch ein bisschen anders ist.
Neu 2010: BASiC Topinambur mit Estevia: Die erste natürliche Diabetikerkuvertüre, die ohne Fruchtzucker auskommt da sie mit getrocknetem Topinambursaft, bestem Kakao und etwas Vanille gemacht und (wenn es behördlich zugelassen wird), mit Estevia gesüßt wird. Estevia ist eine Pflanze, die in den Regenwäldern Perus entdeckt wurde, mit einer 200 Mal stärkeren Süßkraft als Rüben- oder Rohrzucker, aber ohne Kalorien.

Haushalts-, Koch- oder Blockschokolade

Wird meistens im Schnellverfahren produziert und kann je nach Hersteller unterschiedlich fein gewalzt sein. Oft werden für die Produktion auch einfache Bohnensorten verwendet und wird ein Teil der Kakaobutter durch Fremdfette ersetzt. Im Gegensatz zu Qualitätsschokolade enthält sie einen geringeren Gesamtkakaogehalt (30–42 %), dafür aber einen hohen Zuckeranteil. Vielfach wird auch das zeitintensive Conchieren durch andere, kostengünstigere Prozesse ersetzt. Die Folge davon ist: Schokolade aus solcher Produktion ist gröber strukturiert, hat nicht so einen zarten Schmelz und vor allem nicht so viel Aroma wie Qualitätsschokolade. Im Gebrauch ist sie zwar unkomplizierter, weil sie nicht temperiert werden muss, aber dafür ist der Geschmack weniger harmonisch.

Schokolade richtig aufbewahren

Schokolade am besten immer sorgfältig verpackt (Folie) an einem kühlen, trockenen Ort lichtgeschützt bei ca. 16 °C–18 °C aufbewahren. So lassen sich Kuvertüre und ungefüllte Schokolade bis zu einem Jahr problemlos lagern. Ab 25 °C wird die Kakaobutter langsam flüssig und steigt an die Oberfläche. Das bildet einen weißlichen Film, der den Schmelz und das Gefühl auf der Zunge beeinträchtigt. Ab 35 °C schmilzt Schokolade. Im Kühlschrank hat Schokolade nichts verloren, ebensowenig sollte sie längere Zeit offen liegen. Durch die Luftfeuchtigkeit und Temperaturschwankungen kristallisiert mit der Zeit der enthaltene Zucker an der Oberfläche aus und hinterlässt raue Spuren. Nach zu kühler Lagerung (unter 8 °C) schwitzt Schokolade, wenn man sie zu schnell auf Zimmertemperatur bringt.

Kuvertüre und Schokolade perfekt verarbeiten

Kuvertüren und Qualitätsschokoladen sind hochwertige Produkte und der Umgang mit Ihnen erfordert neben einigen Grundkenntnisse auch eine gute Porton Fingerspitzengefühl. Leider rankt sich um das Schreckgespenst »Kuvertüre« das nachhaltige Gerücht, dass sie immer und ewig vor jeder Verwendung temperiert werden muss. Dem ist aber nicht so. Für die Zubereitung von Teigen, Massen, Cremen und vielem mehr braucht man sie nur, unter Einhaltung einiger Grundregeln, die aber auch für andere Schokoladen gelten, zu schmelzen

Das »berüchtigte« Temperieren kommt erst dann ins Spiel, wenn man die geschmolzene Kuvertüre zum Garnieren, Tunken von Keksen, Tee- und Kleingebäck, Pralinen, Rohkost, Früchten, Marzipan und Ähnlichem oder als dünne Glasur für Torten und Kuchen verwendet. Also immer dort, wo die Schokolade an der Oberfäche zu sehen ist. Das Temperieren verleiht der Glasur nach dem Festwerden einen schönen Glanz.

Wenn aus der Kuvertüre eine feine Glasur für Torten und Kuchen werden soll, muss man sie nicht nur temperieren, sondern ihr durch die Zugabe von Kokosfett zusätzlich Geschmeidigkeit verleihen. Eine Glasur, für die man ausschließlich Kuvertüre verwendet hat, wäre durch ihren hohen Anteil an Kakaobutter nach dem Erkalten viel zu hart und ließe sich nur schwer schneiden.

Haushalts- und Kochschokoladen, die in vielen Fällen auch Fremdfette enthalten, können zu diesem Zweck auch mit anderen Fetten vermischt werden. Kuvertüre und Qualitätsschokolade die ausschließlich Kokosbutter enthalten, sollten allerdings auch nur mit Kokosfett auf die gewünschte Konsistenz gebracht werden. Butter ist zwar ein feines Produkt, wäre aber hier fehl am Platz. Sie enthält Wasser, zwar wenig, aber diese Menge reicht aus, dass die Kuvertüre klumpig wird.

Cananche-Glasur

Diese Glasur ist eine beliebte Variante zum Überziehen von Torten und Kuchen. Ihre Zubereitung ist einfach: Dafür 180 ml Schlagobers mit 50 g Honig aufkochen und vom Herd nehmen. 250 g klein geschnittene Kuvertüre einrühren und darin vollständig auflösen. Einen Mixstab in die Glasur tauchen und diese ca. 30 Sekunden durchmixen. Dabei darauf achten, dass keine Bläschen entstehen. Wenn die Glasur zu dick ist, kann man etwas Obers zugeben, umgekehrt etwas Schokolade.

Das Schmelzen

Für die Zubereitung verschiedener Süßspeisen, Torten, Kuchen und von vielem mehr ist es nötig, die Kuvertüre in flüssige Form zu bringen, am besten gelingt dies durch einfaches Schmelzen. Dabei muss man nur darauf achten, dass die Kuvertüre – egal ob dunkle, Milch-, weiße-, gelbe- oder Frucht-Kuvertüre – auf eine Idealtemperatur von 45 °C erwärmt wird. Nachfolgend einige Zubereitungsvarianten, damit dies auch sicher gelingt.

Das Schmelzen im heißen Wasserbad oder über Dampf

Für diese klassische Methode Kuvertüre mit einem Messer klein schneiden und in eine Schüssel füllen. Kuvertüre im heißen Wasserbad oder über Dampf so lange schmelzen, bis sie die Idealtemperatur von 45 °C erreicht hat. Dabei öfter Umrühren, damit sich keine Bläschen bilden.

Achtung! Während des Schmelzens darauf achten, dass kein Wassertropfen in die Kuvertüre gelangt. Durch die Feuchtigkeit kann sie klumpen.

Das Schmelzen: Wichtige Tipps!

1 Für das Schmelzen von Kuvertüre müssen alle Werkzeuge und Schüsseln absolut trocken sein, weil die Kuvertüre sonst klumpt.

2 Während des Schmelzens und danach das Gefäß mit der Kuvertüre nicht zudecken. Kondenswasser, dass sich eventuell auf der Innenseite des Deckels gebildet hat, kann die Konsistenz ungünstig verändern.

3 Während des Schmelzens die Kuvertüre öfter durchrühren; dadurch wird die Masse geschmeidiger.

4 Kuvertüre nicht über 45 °C erwärmen; ab dieser Temperatur kann sie kristallisieren.

5 Die perfekte Temperatur der geschmolzenen Kuvertüre überprüft man mit einem Küchenthermometer, das man in gut sortierten Geschirrgeschäften erhält.

Das Schmelzen im Backrohr (beste Variante)

Backrohr auf 50 °C vorheizen. Kuvertüre mit einem Messer klein schneiden und in eine Schüssel füllen. Schüssel ins Rohr (untere Schiene/Gitterrost) stellen und die Kuvertüre unter öfterem Umrühren darin so lange schmelzen, bis sie die Idealtemperatur von 45 °C erreicht hat.

Das Temperieren

Durch das Erwärmen der Kuvertüre verliert diese ihre Bindung, da sich Zucker, Kakaomasse und -butter voneinander trennen. Erst durch das Temperieren verschmelzen die Zutaten wieder zu einer Einheit und ergeben nach dem Auskühlen einen perfekten Überzug – knackig und matt glänzend. Manuell gibt es drei Methoden:

Die Tabliermethode *(Wird nur von Profis angewendet.)*

Die zerkleinerte Kuvertüre über Wasserdampf oder im Rohr bei 50 °C unter gelegentlichem Rühren schmelzen, bis sie eine Temperatur von 45°C erreicht hat und sich alle Stücke aufgelöst haben. Mindestens die Hälfte der flüssigen Kuvertüre auf eine saubere, kühle Marmor- oder Edelstahlfläche gießen. Mit einem Spachtel und einer Palette tablieren. Mit der Palette die Kuvertüre von außen nach innen bewegen und die jeweils fest gewordene Kuvertüre mit dem Spachtel von der Palette in die Mitte abstreifen. Sobald die Kuvertüre beginnt dick zu werden, ganz schnell (weil sie in diesem Stadium sofort anzieht) unter die restliche flüssige Kuvertüre rühren.

Die Schockmethode

Die zerkleinerte Kuvertüre über Wasserdampf unter gelegentlichem Rühren so lange schmelzen, bis sie eine Temperatur von 45 °C erreicht hat. Kuvertüre in das Tiefkühlfach stellen und unter öfterem Rühren auf 25 °C abkühlen lassen. Wenn die Temperatur erreicht ist, Kuvertüre nochmals je nach Sorte auf die entsprechende Temperatur (siehe Kasten) erwärmen. Dabei öfter umrühren.

Das Temperieren: Wichtige Tipps!

1. Während des Temperierens darauf achten, dass kein Wassertropfen in die Kuvertüre gelangt. Durch die Feuchtigkeit kann sie klumpen.
2. Auf keinen Fall darf die Kuvertüre schlagartig abgekühlt werden.
3. Wann die geschmolzene Kuvertüre die perfekte Temperatur erreicht hat überprüft man am besten mit einem Küchenthermometer, das man in gut sortierten Geschirrgeschäften erhält.

Die perfekten Verarbeitungstemperaturen für temperierte Kuvertüre

dunkle Kuvertüre bis 100%	31 °C – 32 °C
Milchkuvertüre	30 °C – 31 °C
weiße, gelbe oder Fruchtkuvertüre	29 °C – 30 °C

Die Impfmethode

Nachfolgend nun eine besonders einfache 3-Schritte-Methode um Kuvertüre zu temperieren. Durch Erwärmen – Abkühlen – Erwärmen bringt man die Kuvertüre glänzend in Form. Neben ein wenig Fingerspitzengefühl ist auch eine exakte Temperaturwahl Voraussetzung für das perfekte Gelingen. Die zerkleinerte Kuvertüre in kleinen Portionen unter die geschmolzene, warme Kuvertüre rühren (impfen). Danach Kuvertüre nochmals je nach Sorte auf die entsprechende Temperatur (siehe Kasten auf S. 24) erwärmen.

1 Ca. zwei Drittel der zerkleinerten Kuvertüre in eine Schüssel geben. In einem Topf Wasser erhitzen und die Schüssel darauf setzen.

2 Kuvertüre über Wasserdampf langsam schmelzen ...

3 ... bis sie eine Temperatur von 45° C erreicht hat. Dabei immer wieder umrühren.

4 Nun wird die Kuvertüre auf 25 °C abgekühlt. Das erreicht man durch das Einrühren der übrigen Kuvertüre. Im Fachjargon »impfen« genannt.

5 Nach dem Abkühlen Kuvertüre je nach Sorte nochmals über Dampf auf die entsprechende Temperatur (siehe Kasten auf S. 24) erwärmen.

6 So nicht! Ist die Kuvertüre stumpf, wurde sie zu stark erhitzt oder ist zu kalt.

Probe: Ob die Kuvertüre richtig temperiert ist, lässt sich leicht überprüfen. Eine Palette (sie muss Zimmertemperatur haben) in die Kuvertüre tauchen und herausheben. Innerhalb von ca. 2 Minuten soll die Kuvertüre bei Raumtemperatur anziehen – und glänzen.

Garnieren mit Kuvertüre

Dekorationen aus Kuvertüre verleihen Kuchen, Torten und vielerlei Desserts und Mehlspeisen eine ganz besondere optische Note. Es müssen ja nicht gleich groß-artige Figuren oder aufwendig gestaltete Ornamente sein, für den Anfang finden Sie mit einfachen und rasch hergestellten Dekorationen durchaus das Auslangen. Als Basis dient jeweils geschmolzene und temperierte Kuvertüre.

Kuvertüre-Röllchen

1 Die temperierte Kuvertüre auf eine Marmorplatte – oder ersatzweise auf ein Blech – streichen. Evtl. ein paar Tropfen Pflanzenöl zugeben.

2 Kuvertüre mit der Palette gleichmäßig verstreichen und fast fest werden lassen.

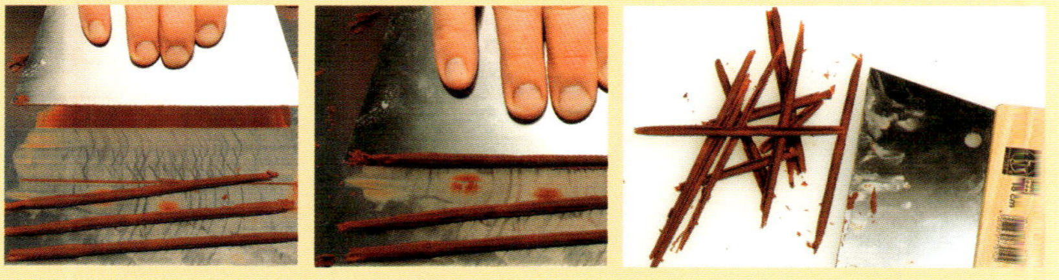

3 Mit einem Metallspachtel Röllchen abschaben.

Kuvertüre-Gitter

1 Temperierte Kuvertüre in ein Papierstanitzel füllen und kreisförmig auf Backpapier spritzen.

2 Nach dem Festwerden der Kuvertüre Gitter mit einer Palette behutsam vom Papier lösen.

Kuvertüre-Blättchen

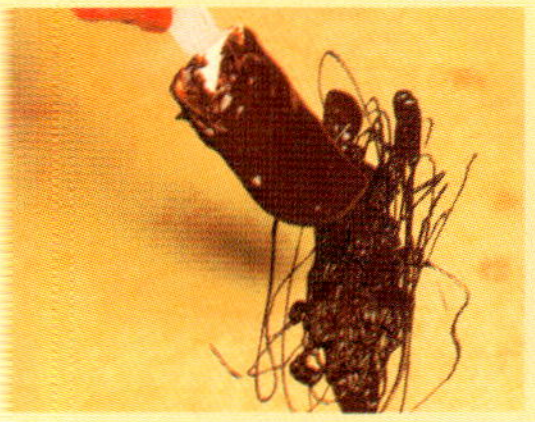

1 Die temperierte Kuvertüre auf ein Stück Backpapier streichen.

2 Mit der Palette gleichmäßig verstreichen und fest werden lassen.

3 Mit einem spitzen Messer Dreiecke oder beliebige andere Formen ausschneiden.

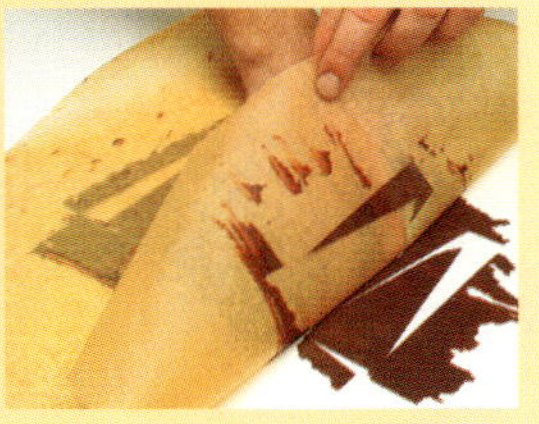

4 Papier wenden und vorsichtig von den Dreiecken lösen.

Die einfachste Art der Garnitur: Kuvertürespäne

Die Raspel werden mit einem Kochmesser vom Block geschabt. Wichtig: Die Kuvertüre soll Raumtemperatur haben! Aus kalter Kuvertüre lassen sich keine Raspel abschaben, die Kuvertüre splittert.

Torten

Die Zubereitung von Torten ist für die meisten Hausfrauen und Hobbyköche eine besondere Herausforderung und zählt nicht zum Alltag in der Küche. Selbst gebackene Torten sind stets beliebt und lassen viel Spielraum für eigene Ideen. Eine gelungene Torte ist aber auch der untrügliche Beweis für handwerkliches Geschick, Fingerspitzengefühl und Kreativität.

Torten mit cremiger Fülle

Fein gefüllte und garnierte Torten sind nicht nur kulinarischer Blickfang, sondern auch eine wahre Gaumenfreude. Gern gesehen und besonders geschätzt zu einer Tasse Kaffee, Tee oder auch heißer Schokolade. Auf den folgenden Seiten finden Sie eine bunte Mischung fein gefüllter und garnierter Cremetorten.

Torten für Feste und mehr

Das Backen von Torten für bestimmte Anlässe ist eine anspruchsvolle Herausforderung, gilt es doch, für eine ganz besondere Gelegenheit auch eine ganz besondere Torten-Überraschung zu kreieren. Wir präsentieren süße Vorschläge für Geburtstage, Hochzeiten oder Festtage wie Ostern, Muttertag, Vatertag und Weihnachten.

Torten mit Früchten

Auch in diesem Kapitel demonstrieren wir anhand von Rezepten die einzigartigen Eigenschaften der Schokolade als vielseitige Zutat beim Backen. Dass Schokolade und Früchte perfekt harmonieren, ist keine Neuigkeit mehr, wir wollen dieser Tatsache Rechnung tragen und zeigen die besten Kombinationen.

Gelbe Schokomoussetorte

1 Rohr auf 180 °C vorheizen. Den Boden einer Springform (Ø 24 cm) mit Butter bestreichen und mit Mehl bestreuen.

2 Mehl mit Stärke versieben. Eier mit Zucker, Vanillezucker, abgeriebener Zitronenschale und einer Prise Salz sehr schaumig rühren (Küchenmaschine ca. 5, Handmixer 10 Minuten; die Masse muss hellgelb sein und deutlich an Volumen zunehmen).

3 Zuerst Mehlmischung, dann Butter unterheben. Masse in die Form füllen, glatt streichen und ca. 15 Minuten (mittlere Schiene/Gitterrost) backen. Biskuit aus dem Rohr nehmen und in der Form auskühlen lassen (ca. 1 Stunde).

4 Biskuit aus der Form lösen, wenden und wieder zurück in die Form legen. Den Innenrand der Form mit einem Streifen fester Klarsichtfolie auslegen.

5 Für die Fülle Gelatine in kaltem Wasser einweichen. Puddingpulver mit 30 ml von der Milch verrühren, Dotter unterrühren. Übrige Milch mit Zucker aufkochen, Puddingmischung einrühren und unter Rühren aufkochen. Mischung vom Feuer nehmen und in eine Schüssel füllen.

6 Gelatine gut ausdrücken und in der heißen Vanillecreme auflösen, die Kuvertüre zugeben und unter Rühren (Handmixer mit Schneebesen) auflösen. Likör einrühren. Creme abkühlen lassen. Obers schlagen und unterheben.

7 Creme in die Form füllen, auf dem Tortenboden verstreichen. Torte mit Frischhaltefolie zudecken und ca. 6 Stunden kühlen.

8 Springform öffnen, den Ring abheben und die Folie vorsichtig entfernen. Torte mit Kakao bestreuen und mit den Kirschen dekorieren.

Zutaten

1 Torte (12 Stücke), Zubereitung ca. 75 Minuten, zum Kühlen gesamt ca. 7 Stunden

Biskuitboden:
40 g glattes Mehl
30 g Speisestärke
2 mittlere Eier
60 g Kristallzucker
1/2 Pkg. Vanillezucker
Schale von 1/4 Bio-Zitrone
30 g Butter (zerlassen)

Fülle:
4 Blatt Gelatine
4 g Vanille-Puddingpulver (1 schwach gehäufter TL)
80 ml Milch
1 Dotter
20 g Kristallzucker
180 g Kuvertüre BASIC 30 % (klein gehackt)
5 EL Kirschlikör (Maraschino)
500 ml Schlagobers

Garnitur:
12 Kompott-Kirschen (gut abgetropft)
Kakao (20 % Fettgehalt)

Salz, Mehl, Butter

Nährwert pro Stück:
326 kcal; 4,6 g EW; 21 g Fett; 28 g KH; 2,3 BE; 104 mg Chol.

Kaffee-Schokoladetorte

1 Rohr auf 180 °C vorheizen. Backblech mit Backpapier belegen.

2 Eiklar mit Löskaffee verrühren und zu cremigem Schnee schlagen. Zucker langsam einrieseln lassen und den Schnee fest ausschlagen. Nüsse untermischen.

3 Einen Tortenreifen (Ø 24 cm) auf das Blech stellen, die Hälfte der Baisermasse hineinstreichen. Tortenreifen abheben, dabei die Baisermasse vorsichtig mit einem Messer vom Rand lösen. Oberfläche mit einer Palette glatt streichen. Baiser ca. 12 Minuten im vorgeheizten Rohr (mittlere Schiene) backen.

4 Inzwischen auf einem zweiten Blatt Backpapier die restliche Baisermasse ebenso auftragen. Das gebackene Baiser aus dem Rohr nehmen, mitsamt dem Papier vom Blech ziehen. Zweite Baiserscheibe mit dem Papier auf das Blech ziehen und wie die erste backen. Baiserböden mit einem dünnen Messer vom Papier lösen, umdrehen und auskühlen lassen.

5 Für die Einlage Gelatine in kaltem Wasser einweichen. Obers mit Zucker cremig schlagen. 1 EL vom Obers erwärmen, Gelatine ausdrücken und darin auflösen. Mischung zügig mit dem übrigen Obers vermischen.

6 Für die Creme Kuvertüre klein hacken und über Wasserdampf schmelzen. Obers cremig schlagen und kalt stellen. Gelatine in kaltem Wasser einweichen. Eier, Dotter, Zucker und Löskaffee verrühren und über Wasserdampf schaumig aufschlagen.

7 Gelatine ausdrücken und im Eischaum auflösen. Rum und Kaffeelikör einrühren, geschmolzene Kuvertüre unterziehen. Masse vom Dampf nehmen, Schüssel in kaltes Wasser stellen und die Creme weiterrühren, bis sie abgekühlt ist. Obers unterheben.

8 Einen Baiserboden in eine Springform (Ø 24 cm) legen, mit ca. 3 EL Creme bestreichen. Zweiten Boden darauf legen. Aus dem Obers für die Einlage Nockerln ausstechen , auf dem Tortenboden verteilen. Kaffee-Schokolade-Creme eingießen, gleichmäßig verstreichen.

9 Torte mit Frischhaltefolie zudecken und zum Festwerden der Creme mindestens 5 Stunden kühlen.

10 Für die Garnitur Obers schlagen. Torte mit einem kleinen Messer behutsam vom Rand der Form lösen. Form öffnen, Tortenreifen abheben. Tortenoberfläche mit Obers einstreichen, das Obers mit einer Palette schlampig verstreichen, sodass ein Wellenmuster entsteht. Torte mit Schokoladebohnen garnieren.

Zutaten

1 Torte (12 Stücke),
Zubereitung ca. 1 Stunde,
zum Kühlen ca. 6 Stunden

Nuss-Baiserboden:
3 Eiklar (120 g)
2 gestr. EL Löskaffee
120 g Kristallzucker
100 g Haselnüsse (fein gerieben)

Creme:
200 g Kuvertüre BASIC 60 % feinbitter
400 ml Schlagobers
3 Blatt Gelatine
2 Eier, 2 Dotter
40 g Kristallzucker
20 g Löskaffee
2 EL Rum
2 EL Kaffeelikör

Einlage:
1 Blatt Gelatine
100 ml Schlagobers
20 g Staubzucker

Garnitur:
125 ml Schlagobers
Ca. 25 Schokoladebohnen

Nährwert pro Stück:
436 kcal; 8 g EW; 366 g Fett; 31 g KH; 2,7 BE; 127 mg Chol.

Zutaten

Zubereitung je ca. 10 Minuten

Minzepesto:
10 g frische Pfefferminze
2 EL Minzelikör
1 EL Kristallzucker
1 EL Pignoli (geröstet)
Saft von 1 Zitrone

Glasur:
75 ml Schlagobers
15 g Kristallzucker
1 TL Wasser, 1 TL Honig
150 g Kuvertüre
BASIC 70 % nobelbitter
(grob gehackt)

Minzepesto

Minzeblätter von den Stielen zupfen. Mit Likör, Zucker, Pignoli und Zitronensaft vermischen und mit einem Stabmixer fein pürieren.

Glasur

Obers, Zucker, Wasser und Honig verrühren und aufkochen. Kuvertüre zugeben und glatt verrühren. Glasur abkühlen lassen.

Schokolade-Minzetorte

1 Rohr auf 170 °C vorheizen. Eine eckige Backform (ca. 22 x 25 x 5 cm; idealerweise eine Form mit verstellbarem Rahmen) mit Butter ausstreichen und mit Mehl ausstreuen.

2 Für den Schokoladeboden Butter mit Staubzucker, Vanillezucker, Rum und 1 kleinen Prise Salz gut cremig rühren. Eier und Kuvertüre unterrühren, Mehl und Nüsse unterheben.

3 Masse in der Form gleichmäßig verstreichen und im Rohr (mittlere Schiene/Gitterrost) ca. 18 Minuten backen. Tortenboden aus dem Rohr nehmen und auskühlen lassen.

4 Für die Creme Gelatine in kaltem Wasser einweichen. Ei und Dotter über Wasserdampf schaumig schlagen. Gelatine ausdrücken und darin auflösen. Geschmolzene Kuvertüre zugeben und die Masse kaltrühren.

5 Obers cremig schlagen. Minzepesto und Obers unterheben und die Masse auf dem Schokoladeboden gleichmäßig verstreichen. Torte mit Frischhaltefolie zudecken und 4 Stunden kühlen.

6 Schokoladeglasur zubereiten (siehe Rezept) und auf die Torte streichen. Torte zum Festwerden der Glasur ca. 2 Stunden kühlen. Torte aus der Form nehmen, auf eine Platte setzen und mit Schokoblättchen garnieren.

Zutaten

1 Torte (12 Stücke).
Zubereitung ca. 40 Minuten,
zum Kühlen gesamt
ca. 6 Stunden

Boden:
150 g weiche Butter
150 g Staubzucker
1 Pkg. Vanillezucker
1 EL Rum
2 mittlere Eier (verquirlt)
4 EL Kuvertüre BASIC 50 % Bergmilch dunkel (gerieben)
80 g glattes Mehl
150 g Haselnüsse (gerieben)

Schokolade-Minzecreme:
5 Blatt Gelatine
1 Ei, 1 Dotter
250 g Kuvertüre BASIC 30 % gelb (geschmolzen)
500 ml Schlagobers
Minzepesto (siehe Rezept)

Garnitur:
Schokoladeglasur (siehe Rezept)
7 Schokoblättchen

Salz, Butter, Mehl

Nährwert pro Stück:
629 kcal; 8,9 g EW; 45 g Fett; 47 g KH; 3,9 BE; 153 mg Chol.

»Mohr im Hemd«-Torte

1 Rohr auf 160 °C vorheizen. Springform (Ø 24 cm) mit Butter ausstreichen und mit Mehl ausstreuen.

2 Eier in Dotter und Klar trennen. Kuvertüre zerkleinern und über Wasserdampf schmelzen. Weiche Butter mit Vanillezucker, der Hälfte vom Zucker und einer kleinen Prise Salz gut cremig rühren. Schokolade einrühren, Dotter untermischen.

3 Eiklar mit übrigem Zucker zu cremigem Schnee schlagen. Ein Drittel vom Schnee in die Masse rühren, restlichen Schnee, Biskottenbrösel und die Mandeln behutsam unterheben.

4 Masse in die Form füllen, zum Rand hochstreichen und im vorgeheizten Rohr (mittlere Schiene/Gitterrost) ca. 70 Minuten backen (Nadelprobe!).

5 Torte aus dem Rohr nehmen, 10 Minuten rasten lassen, mit einem Messer vom Rand lösen, aus der Form nehmen und auf eine Platte legen. Torte ca. 1 Stunde auskühlen lassen.

6 Inzwischen für die Garnitur Kuvertüre zerkleinern und über Wasserdampf schmelzen. Öl einrühren. Kuvertüre auf eine Marmor- oder Metallplatte gießen und abkühlen lassen, dabei ständig mit einer Palette verstreichen. Sobald die Masse fest zu werden beginnt, glatt streichen und anziehen lassen. Mit einer schmalen Metallspachtel oder einem Messer Röllchen abschaben, die 12 schönsten für die Garnitur verwenden. Restliche Kuvertüre für die Sauce verwenden.

7 Für die Tränke Wasser mit Kristallzucker aufkochen, vom Herd ziehen und auskühlen lassen, Weinbrand einrühren. Die Tränke mit einem Löffel gleichmäßig über die Torte träufeln.

8 Für die Sauce Wasser und Kakao verrühren und aufkochen. Kuvertürereste zugeben und unter Rühren auflösen. Sauce zur Seite stellen. Obers schlagen und kalt stellen.

9 Torte mit geschlagenem Obers und Kuvertüreröllchen garnieren. Torte mit Staubzucker bestreuen und mit der Sauce servieren.

Nadelprobe: einen Metallspieß in die Torte stecken und herausziehen – es darf keine Masse daran haften.

Zutaten

1 Torte (12 Stücke), Zubereitung ca. 2 Stunden, zum Auskühlen und Ziehenlassen der Torte insgesamt 2 Stunden

8 mittlere Eier
140 g Kuvertüre BASIC 60 % feinbitter
140 g Butter
1 Pkg. Vanillezucker
140 g Kristallzucker
60 g Biskotten (fein gerieben)
180 g geschälte Mandeln (fein gerieben)

Tränke:
100 ml Wasser
100 g Kristallzucker
125 ml Weinbrand

Sauce:
50 ml Wasser
1 EL Kakao (20 % Fettgehalt)

Kuvertüreröllchen:
100 g Kuvertüre BASIC 50 % Bergmilch dunkel
1 EL Öl

Garnitur:
125 ml Schlagobers
1 TL Staubzucker

Salz, Butter, Mehl

Nährwert pro Stück:
507 kcal; 10,8 g EW; 33 g Fett; 36 g KH; 2,9 BE; 210 mg Chol.

Weihnachtliche
Schokolade-Karamelltorte

1 Rohr auf 170 °C vorheizen. Den Boden einer Springform (Ø 26 cm) mit Backpapier bespannen.

2 Mehl mit Stärke und den Nüssen mischen. Eier mit 1 kleinen Prise Salz, Zucker, Vanillezucker sowie abgeriebener Orangen- und Zitronenschale gut schaumig rühren.

3 Zuerst die Mehlmischung, dann die Butter unterheben. Masse in die Form streichen und ca. 15 Minuten (mittlere Schiene) backen. Nussboden aus dem Rohr nehmen und in der Form auskühlen lassen.

4 Für die Creme Vanilleschote der Länge nach aufschneiden und das Mark herausschaben. Zucker hellbraun schmelzen, Orangensaft zugießen, Vanilleschote und -mark zugeben und bei schwacher Hitze kochen, bis sich der Zucker aufgelöst hat. Karamell vom Herd nehmen, Vanilleschote entfernen.

5 Kuvertüre in Stücke brechen und über Wasserdampf schmelzen. Gelatine in kaltem Wasser einweichen.

6 Eier über Wasserdampf dickcremig aufschlagen, Gelatine gut ausdrücken und in der warmen Eimasse auflösen. Kuvertüre und Orangenkaramell einrühren. Creme auf Zimmertemperatur abkühlen lassen. Obers schlagen und unterheben. Creme wellenförmig auf den Nussboden streichen. Torte ca. 6 Stunden kühlen.

7 Für die Garnitur Eiklar und Zucker dickcremig rühren. Pariser Spitze auf die Torte setzen. Glasur in ein Papierstanitzel füllen und die Pariser Spitze mit Tupfern verzieren. Marzipan auf einer mit Staubzucker bestreuten Arbeitsfläche ca. 1/2 cm dick ausrollen. Kleine Sterne ausstechen und mit einem Tupfer Glasur auf die Pariser Spitze setzen. Torte eventuell zusätzlich mit gehobelter gelber Kuvertüre garnieren.

Zutaten

1 Torte (12 Stücke),
Zubereitung ca. 75 Minuten,
zum Kühlen ca. 7 Stunden

Nussboden:
60 g glattes Mehl
10 g Speisestärke
50 g Walnüsse (gerieben)
2 mittlere Eier
40 g Kristallzucker
1 Pkg. Vanillezucker
Schale von 1/2 Bio-Orange
Schale von 1/2 Bio-Zitrone
30 g Butter (zerlassen)

Creme:
1 Vanilleschote
250 g Kristallzucker
150 ml Orangensaft
250 g Kuvertüre BASIC Kokosnuss
6 Blatt Gelatine
2 mittlere Eier
500 ml Schlagobers

Garnitur und Glasur:
1/2 Eiklar (ca. 16 g)
80 g Staubzucker (gesiebt)
9 Pariser Spitze (erhält man in Konditoreien und Patisserie-Fachgeschäften)
100 g Rohmarzipan

Salz, Staubzucker,
Kuvertüre BASIC 30 % gelb

Nährwert pro Stück:
476 kcal; 6,7 g EW; 28 g Fett; 49 g KH; 4 BE; 108 mg Chol.

Schokoladetorte
mit Vanille-Oberscreme

1 Rohr auf 170 °C vorheizen. Eine Springform (Ø 24 cm) mit Butter ausstreichen und mit Mehl ausstreuen.

2 Mehl mit dem Backpulver versieben, Mandeln untermischen. Kuvertüre grob hacken, gemeinsam mit der Butter über Wasserdampf schmelzen, abkühlen lassen.

3 Eier mit Kristallzucker, Vanillezucker und einer kleinen Prise Salz gut schaumig rühren; so lange bis die Masse nicht mehr an Volumen zunimmt. Schokolade einrühren, Mehl und Mandeln unterheben.

4 Masse in der Form gleichmäßig verstreichen und ca. 50 Minuten im Rohr (mittlere Schiene/Gitterrost) backen. Torte in der Form auskühlen lassen.

5 Für die Creme Gelatine in kaltem Wasser einweichen. Vanilleschote längs aufschneiden, Mark herauskratzen. 150 ml von der Milch mit Kristallzucker, Vanillemark und -schoten aufkochen. Übrige Milch mit Puddingpulver verrühren, in die Milch gießen und bei schwacher Hitze unter Rühren ca. 1 Minute köcheln.

6 Pudding vom Herd nehmen und die Vanilleschoten entfernen. Gelatine gut ausdrücken und im Pudding auflösen. Masse in eine Schüssel füllen, mit Frischhaltefolie abdecken (Folie direkt auf den Pudding legen) und auskühlen, aber nicht fest werden lassen. Obers schlagen und unter die Creme heben. Creme 10–15 Minuten kühlen.

7 Torte mit einem Messer vom Rand der Form lösen, Form öffnen und abheben. Torte mit einem Sägemesser zweimal durchschneiden. Einen Boden mit der Hälfte der Creme bestreichen. Zweiten Boden darauf legen und mit der übrigen Creme bestreichen. Dritten Boden darauf setzen und behutsam andrücken. Torte mit Frischhaltefolie zudecken und ca. 2 Stunden kühlen.

8 Für die Glasur Kuvertüre über Wasserdampf schmelzen. Weiche Butter mit einem Schneebesen cremig rühren, Kuvertüre eingießen und die Mischung ca. 1 Minute rühren. Glasur abkühlen lassen.

9 Torte rundum gleichmäßig mit Glasur einstreichen, mit der Palette eine welliges Muster zeichnen. Torte zum Anziehen der Glasur ca. 1 Stunde kühlen.

Zutaten

1 Torte (16 Stücke),
Zubereitung ca. 90 Minuten,
zum Kühlen ca. 5 Stunden

130 g glattes Mehl
1 Pkg. Backpulver
130 g Mandeln (gerieben)
300 g Kuvertüre BASIC 60 % feinbitter
250 g Butter
5 mittlere Eier
60 g Kristallzucker
1 Pkg. Vanillezucker

Creme:
3 Blatt Gelatine
1 Vanilleschote
200 ml Milch
60 g Kristallzucker
10 g Vanille-Puddingpulver
200 ml Schlagobers

Glasur:
170 g Kuvertüre BASIC 40 % Bergmilch hell
170 g Butter

Salz, Butter, Mehl

Nährwert pro Stück:
550 kcal; 8,7 g EW; 43,5 g Fett; 32,2 g KH; 2,6 BE; 159 mg Chol.

Schokoladetorte

1 Rohr auf 180 °C vorheizen. Springform (Ø 28 cm) mit Butter ausstreichen und mit Mehl ausstreuen.

2 Für den Teig Kuvertüre in Stücke brechen und über Wasserdampf schmelzen. Eier in Dotter und Klar trennen. Butter mit Staubzucker gut cremig rühren. Dotter nach und nach untermischen und die Masse schaumig rühren. Kuvertüre einrühren. Eiklar mit Kristallzucker zu cremigem Schnee schlagen. Schnee und Brösel unter den Teig heben. Masse in die Form füllen, gleichmäßig verstreichen und im Rohr (mittlere Schiene/Gitterrost) ca. 50 Minuten backen. Torte in der Form auskühlen lassen.

3 Für die Creme Gelatine in kaltem Wasser einweichen. Kuvertüre klein hacken. Obers und Milch aufkochen und vom Herd nehmen. Kuvertüre, Butter und ausgedrückte Gelatine zugeben und unter Rühren auflösen. Creme auf Zimmertemperatur abkühlen lassen. Eiklar mit Kristallzucker über Wasserdampf dickcremig aufschlagen, vom Dampf nehmen und kaltschlagen. Schnee behutsam unter die Schokoladecreme heben. Creme mit Frischhaltefolie zudecken und ca. 1 Stunden kühlen.

4 Torte aus der Form nehmen, zweimal durchschneiden, so dass 3 Böden entstehen. Einen Boden in die Form legen, mit der Hälfte der Creme bestreichen, zweiten Boden darauf legen, restliche Creme darauf verteilen, dritten Boden darauf legen. Torte ca. 4 Stunden kühlen.

5 Marmelade mit Rum glatt rühren. Torte aus der Form heben, mit Marmelade dünn einstreichen und kurz kühl stellen. Marzipan mit Staubzucker gut verkneten, zwischen Klarsichtfolie ausrollen und die Torte damit einkleiden.

Variante: Je nach Geschmack kann man für die Zubereitung statt Marzipan auch Massa di cino (erhält man in gut sortierten Konditoreibedarfsgeschäften) verwenden.

Zutaten

1 Torte (16 Stücke), Zubereitung ca. 2 Stunden, zum Kühlen ca. 6 Stunden

150 g Kuvertüre BASIC 80 % smartbitter
9 mittlere Eier
150 g weiche Butter
90 g Staubzucker
90 g Kristallzucker
140 g Semmelbrösel

Creme:
3 Blatt Gelatine
450 g Kuvertüre BASIC 60 % feinbitter
250 ml Schlagobers
125 ml Milch
60 g Butter
6 Eiklar
4 EL Kristallzucker

Marzipanhülle:
100 g Marillenmarmelade (passiert)
1 EL Rum
370 g Rohmarzipan
140 g Staubzucker (fein gesiebt)

Butter, Mehl, Staubzucker

Nährwert pro Stück:
618 kcal; 14,2 g EW; 35 g Fett; 62 g KH; 5,1 BE; 179 mg Chol.

Zutaten

Zubereitung ca. 15 Minuten

ca. 20 g Glasnudeln
500 ml Öl
Staubzucker

Osternest aus Glasnudeln

1 Sie benötigen dafür einen hohen, schmalen Topf (Ø ca [illegible] cm; Topfdurchmesser = Größe des Nudelnestes). Öl erhitzen. Glasnudeln (in Asiashops und im Supermarkt erhältlich) einlegen und 3–4 Sekunden backen. Vorsicht, das Fett schäumt beim Einlegen der Nudeln stark auf!

2 Nudeln aus dem Fett heben und auf Küchenpapier beidseitig gut abtropfen lassen. Nudelnest mit Staubzucker bestreuen, behutsam in die Mitte der Torte setzen und mit Überraschungseiern sowie kleinen Zuckereiern garnieren

Apfel-Reistorte

1 Rohr auf 170 °C vorheizen. Den Boden einer Springform (Ø 26 cm) mit Backpapier belegen, Rand mit Butter ausstreichen und mit Mehl ausstreuen.

2 Eier mit Zucker, Vanillezucker, abgeriebener Zitronenschale und einer kleinen Prise Salz schaumig rühren (Küchenmaschine ca. 5, Handmixer 10 Minuten; die Masse muss deutlich an Volumen zunehmen).

3 Zuerst Mehl, dann Öl unterheben. Masse in die Form füllen, glatt streichen. Ca. 15 Minuten (mittlere Schiene/Gitterrost) backen.

4 Torte aus dem Rohr nehmen und in der Form auskühlen lassen.

5 Für die Reismasse Vanilleschote längs aufschneiden, Mark herauskratzen. Milch mit Vanillemark und einer kleinen Prise Salz verrühren, Reis zugeben und unter Rühren aufkochen. Reis zudecken und bei schwacher Hitze weich dünsten (ca. 20 Minuten); ab und zu umrühren. Am Ende der Garzeit sollte die gesamte Flüssigkeit vom Reis aufgenommen sein. Reis vom Herd nehmen, in eine Schüssel umfüllen, Kuvertüre einrühren, Masse auskühlen lassen (ca. 1 Stunde; evtl. in ein kaltes Wasserbad stellen).

6 Obers schlagen und kalt stellen. Gelatine in kaltem Wasser einweichen. Äpfel schälen, entkernen und fein raspeln. Sauerrahm, Zucker, Zitronensaft und Äpfel gut vermischen. Ein wenig von der Masse über Wasserdampf erwärmen. Gelatine gut ausdrücken und darin auflösen, mit der restlichen Apfelmasse und dem Reis verrühren. Obers unterheben.

7 Reismasse auf dem Tortenboden verstreichen. Torte mit Frischhaltefolie zudecken und zum Festwerden für ca. 9 Stunden in den Kühlschrank stellen.

8 Torte mit einem Messer vom Formenrand lösen, Springform öffnen, Reifen abheben. Torte mit dem Nudelnest (siehe Rezept), den Schokolade- und Zuckereiern garniert servieren.

Zutaten

1 Torte (12 Stücke), Zubereitung ca. 75 Minuten, zum Kühlen gesamt ca. 10 Stunden

Buchweizenbiskuit:
3 mittlere Eier
60 g Kristallzucker
1 Pkg. Vanillezucker
Schale von 1/2 Bio-Zitrone
80 g Buchweizenmehl
(erhält man in der Reformabteilung des Supermarktes, im Reformhaus oder im Bio-Geschäft; ersatzweise verwendet man Weizenvollkornmehl)
3 EL Öl

Apfel-Reiscreme:
1 Vanilleschote
500 ml Milch
100 g Langkornreis
100 g Kuvertüre BASIC Kokosnuss (klein gehackt)
250 ml Schlagobers
6 Blatt Gelatine
300 g Äpfel
250 ml Sauerrahm
130 g Staubzucker
Saft von 2 Zitronen

Salz, Butter, Mehl

Nährwert pro Stück:
289 kcal; 5,7 g EW; 14 g Fett; 35 g KH; 3 BE; 89 mg Chol.

Topfentorte
mit Himbeerherz

1 Rohr auf 170 °C vorheizen. Den Boden einer Springform (Ø 26 cm) mit Backpapier belegen.

2 Eier verquirlen. Butter mit Zucker, Vanillezucker, abgeriebener Zitronenschale und 1 Prise Salz gut cremig rühren. Eier nach und nach zugießen. Bittermandelaroma einrühren, Mehl unterheben. Masse in der Form verstreichen. Torte ca. 18 Minuten (mittlere Schiene/Gitterrost) backen, aus dem Rohr nehmen und in der Form auskühlen lassen.

3 Für die Creme Gelatine in kaltem Wasser einweichen. Puddingpulver mit 30 ml von der Milch verrühren, Dotter unterrühren. Übrige Milch mit Zucker aufkochen, Puddingmischung einrühren und unter Rühren aufkochen. Mischung vom Herd nehmen und in eine Schüssel füllen.

4 Gelatine gut ausdrücken und in der heißen Vanillecreme auflösen, Kuvertüre zugeben und unter Rühren (Handmixer mit Schneebesen) auflösen. Likör einrühren. Creme abkühlen lassen. Obers schlagen und unterheben.

5 Creme auf dem Tortenboden verstreichen. Torte mit Frischhaltefolie zudecken und zum Festwerden ca. 10 Stunden kühlen.

6 Torte mit einem Messer vom Rand der Form lösen. Tortenreifen abheben. Tortenrand mit Krokant oder Nüssen bestreuen. Aus Karton eine passende Herzschablone zuschneiden und auf die Torte legen. Die Himbeeren darin verteilen, Schablone abheben. Obers schlagen, in einen Dressiersack mit Sterntülle füllen, Rosetten auf die Torte dressieren und mit den Schokoladeherzen garnieren.

Zutaten
1 Torte (12 Stücke), Zubereitung ca. 75 Minuten, zum Kühlen ca. 11 Stunden

2 mittlere Eier
100 g weiche Butter
100 g Staubzucker
1/2 Pkg. Vanillezucker
Schale 1 kl. Bio-Zitrone
3–4 Tropfen Bittermandelaroma
100 g glattes Mehl

Creme:
4 Blatt Gelatine
1 TL Vanille-Puddingpulver
80 ml Milch
1 Dotter
20 g Kristallzucker
180 g Kuvertüre BASIC 30 % gelb (klein gehackt)
5 EL Kirschlikör (Maraschino)
500 ml Schlagobers

Garnitur:
100 g Krokant oder Haselnüsse (grob gehackt)
250 g Himbeeren
125 ml Schlagobers
7 Schokoladeherzen (Fertigprodukt)

Salz

Nährwert pro Stück:
510 kcal; 13,2 g EW; 33 g Fett; 38 g KH; 3,1 BE; 189 mg Chol.

Herren-Torte

1 Trüffelcreme am besten schon am Vortag zubereiten: Kuvertüre in kleine Stücke brechen, Schlagobers kurz aufkochen, Kuvertüre zugeben und die Creme mit einem Schneebesen glatt verrühren. Wenn man die Creme mit einem Stabmixer aufmixt, wird sie homogener und lässt sich später besser aufschlagen. Trüffelcreme mit Klarsichtfolie zudecken, am besten über Nacht kalt stellen.

2 Rohr auf ca. 180 °C vorheizen. Eckige Backform mit Backpapier auslegen. Für den Teig Kompottfrüchte in einem Sieb abtropfen lassen, in gleich große Stücke schneiden. Marzipan in kleine Stücke schneiden, in einen Schneekessel geben und mit den Dottern über Wasserdampf zu einer glatten Masse verrühren.

3 Marzipanmasse vom Herd nehmen, Eier, Zucker, Vanillezucker und abgeriebene Zitronenschale zugeben. Masse schlagen, bis sie deutlich an Volumen zugenommen hat. Mehl und Nüsse vermischen und in die Dottermasse rühren. Früchte untermischen. Masse in der Form mit einer Teigkarte glatt verstreichen und ca. 30 Minuten backen. Backpapier mit Kristallzucker bestreuen, Torte darauf stürzen und auskühlen lassen.

4 Torte mit Whisky beträufeln, horizontal durchschneiden, sodass 2 Stücke mit ca. 17 x 25 cm entstehen. Tortenränder gerade schneiden. Creme wie Schlagobers aufschlagen und die Hälfte davon auf einer Tortenhälfte glatt verstreichen. Zweites Tortenstück darauf legen und leicht andrücken. Die restliche Creme auf der Tortenoberfläche verteilen und mit einer Palette glatt verstreichen. Torte mit Kakao bestreuen und kalt stellen.

5 Für die Garnitur Marzipan und Staubzucker gut verkneten und auf einer mit Stärkemehl bestaubten Arbeitsfläche ca. 2 mm dick ausrollen, Hemdkragen, Krawatte und Krawattenknopf mit einem kleinen, scharfen Messer ausschneiden. Restliches Marzipan mit 1 TL Kakao gut verkneten. Aus dieser Masse formt man Kugeln mit etwa 3 mm Durchmesser. Marzipankugeln auf Krawatte und Krawattenknopf legen und mit einem Rollholz aufdrücken, so dass eine glatte Fläche entsteht. An den beiden oberen Tortenecken den Hemdkragen ansetzen, abschließend Krawatte und Krawattenknopf auflegen. Torte vor dem Anschneiden ca. 1 Stunde in den Kühlschrank stellen.

Zutaten

1 Torte (12 Stücke), Zubereitung ca. 90 Minuten

Teig:
200 g Marillenkompott
450 g Rohmarzipan
12 Dotter
9 mittlere Eier
190 g Feinkristallzucker
1 Pkg. Vanillezucker
Schale von 1/2 Bio-Zitrone
180 g glattes Mehl
100 g Haselnüsse (gerieben)
125 ml Whisky oder Weinbrand

Trüffelcreme:
500 ml Schlagobers
200 g Kuvertüre BASIC 90 % grenzbitter

Garnitur:
150 g Rohmarzipan
100 g Staubzucker

Kakao (20 % Fettgehalt), Stärkemehl, Kristallzucker

Nährwert pro Stück:
620 kcal; 15 g EW; 38 g Fett; 51 g KH; 4 BE; 341 mg Chol.

Zutaten

Zubereitung ca. 15 Minuten

6 Maracuja (Passionsfrüchte)
160 ml Orangensaft
3 EL Kristallzucker
2 EL Speisestärke
4 EL Wasser

Maracujasauce

1 Maracuja halbieren, Fruchtfleisch samt Kernen mit einem Löffel aus den Schalen lösen, mit Orangensaft und Zucker verrühren.

2 Stärke mit Wasser glatt rühren. Fruchtmischung aufkochen, Stärke einrühren und bei schwacher Hitze ca. 1 Minute köcheln. Sauce durch ein Sieb passieren und auskühlen lassen.

Maracuja-Kokostorte

1 Rohr auf 150 °C vorheizen. Springform (Ø 24 cm) mit Butter ausstreichen und mit Mehl ausstreuen.

2 Maracuja halbieren, Fruchtfleisch samt Kernen mit einem kleinen Löffel aus den Schalen lösen, mit Milch und Gervais verrühren.

3 Mehl mit Backpulver versieben. Butter mit Vanillezucker, abgeriebener Limettenschale, Kristallzucker und 1 kleinen Prise Salz gut cremig rühren. Eier nach und nach zugeben und die Masse schaumig rühren. Zuerst Kokosette und Kuvertüre, dann die Gervaismischung und das Mehl einrühren.

4 Masse in der Form verstreichen und im Rohr (mittlere Schiene/Gitterrost) ca. 50 Minuten backen.

5 Torte aus dem Rohr nehmen und in der Form auskühlen lassen. Torte aus der Form nehmen, die Oberfläche dünn mit Honig einstreichen und mit Kokosette bestreuen. Torte mit der Sauce servieren

Zutaten

1 Torte (12 Stücke), Zubereitung ca. 75 Minuten

6 Maracuja (Passionsfrüchte)
125 ml Milch
125 g Gervais
240 g glattes Mehl
1 Pkg. Backpulver
140 g weiche Butter
1 Pkg. Vanillezucker
Schale von 1 Limette
200 g Kristallzucker
3 mittlere Eier
100 g Kokosette
100 g Kuvertüre BASIC Kokosnuss (grob gehackt)

Garnitur:
2 EL Honig
40 g Kokosette

Salz, Butter, Mehl

Nährwert pro Stück:
452 kcal; 8 g EW; 26 g Fett; 46 g KH; 3,8 BE; 103 mg Chol.

Preiselbeertorte
mit gelber Schokolade

1 Rohr auf 170 °C vorheizen. Eine Springform (Ø 24 cm) mit Butter ausstreichen und mit Mehl ausstreuen.

2 Kuvertüre in Stücke brechen und langsam über Wasserdampf schmelzen, vom Dampf nehmen und die Butter langsam einrühren.

3 Eier in Dotter und Klar trennen. Dotter mit Staubzucker gut cremig rühren. Kuvertüre behutsam einrühren. Eiklar mit Kristallzucker zu cremigem Schnee schlagen und unter die Eimasse heben. Mehl unterheben.

4 Teig in der Springform verstreichen und im Rohr (untere Schiene/Gitterrost) ca. 35 Minuten backen. Torte aus dem Rohr nehmen, ca. 10 Minuten rasten lassen, aus der Form stürzen und auskühlen lassen.

5 Für die Creme Gelatine in kaltem Wasser einweichen. Obers schlagen und kühl stellen. Preiselbeermarmelade glatt rühren. Rum erwärmen. Gelatine ausdrücken, im Rum auflösen und zügig mit der Preiselbeermarmelade verrühren. Obers unterheben.

6 Tortenboden zweimal durchschneiden, sodass 3 Böden entstehen. Einen Boden in die Form legen, mit knapp der Hälfte der Creme bestreichen, zweiten Boden darauf legen und mit der restlichen Creme bestreichen – ca. 4 EL Creme zum Bestreichen des Randes reservieren. Dritten Teigboden in die Form legen und behutsam andrücken. Torte mit Frischhaltefolie zudecken und ca. 5 Stunden kühlen.

7 Für das Gelee Rotwein mit Zimt und Kristallzucker verrühren und 2 Minuten köcheln. Gelatine in kaltem Wasser einweichen, ausdrücken und im heißen Wein auflösen. Zimtstange entfernen, Preiselbeermarmelade mit dem Rotwein verrühren. Mischung abkühlen, aber nicht fest werden lassen. Gelee auf die Torte gießen, glatt streichen und ca. 1 Stunde kühlen.

8 Torte aus der Form nehmen, Rand mit der reservierten Creme einstreichen. Von der Hälfte der Kuvertüre Röllchen abschaben. Restliche Kuvertüre schmelzen und die Torte damit verzieren. Torte vor dem Servieren mit den Röllchen garnieren.

Zutaten

1 Torte (12 Stücke), Zubereitung ca. 90 Minuten, zum Kühlen ca. 6 Stunden

130 g Kuvertüre BASIC 30 % gelb
80 g Butter (zerlassen)
4 mittlere Eier
60 g Staubzucker
40 g Kristallzucker
130 g Mehl

Preiselbeercreme:
450 g Preiselbeermarmelade
8 Blatt Gelatine
2 EL Rum
400 ml Schlagobers

Preiselbeergelee:
100 ml Rotwein
1 kl. Zimtstange
1 EL Kristallzucker
3 Blatt Gelatine
150 g Preiselbeermarmelade

Garnitur:
100 g Kuvertüre BASIC 30 % gelb

Butter, Mehl

Nährwert pro Stück:
448 kcal; 7 g EW; 24 g Fett; 49 g KH; 4 BE; 138 mg Chol.

Schwarzwälder Kirschtorte

1 Rohr auf 190 °C vorheizen. Springform (Ø 26 cm) mit Butter ausstreichen, mit Mehl ausstreuen. Mehl und den Kakao versieben.

2 Eier mit 1 Prise Salz, Staubzucker, Vanillezucker und abgeriebener Zitronenschale aufschlagen. Mehlmischung und Butter behutsam unterheben.

3 Masse in der Form verstreichen und im Rohr (untere Schiene/Gitterrost) ca. 35 Minuten backen. Herausnehmen und auskühlen lassen. Torte aus der Form lösen und zweimal durchschneiden.

Zutaten

1 Torte (12 Stücke), Zubereitung ca. 1 Stunde

Kakao-Torte Grundrezept:
150 g glattes Mehl
30 g Kakao (20 % Fettgehalt)
6 mittlere Eier
150 g Staubzucker
1 Pkg. Vanillezucker
Schale von 1 Bio-Zitrone
150 ml Butter (zerlassen)
Salz, Butter, Mehl

Nährwert pro Stück:
345 kcal; 6 g EW; 23 g Fett; 31 g KH; 2,6 BE; 135 mg Chol.

1 Eier, Salz, Zitronenschale, Vanillezucker und Zucker aufschlagen.

2 Mehlmischung behutsam unter die Eimasse heben.

3 Flüssige Butter nach und nach unterrühren.

4 Masse in die vorbereitete Springform füllen.

5 Masse in der Form gleichmäßig verstreichen.

6 Torte vom Rand lösen und die Form abheben.

7 Torte mit einem Sägemesser zweimal durchschneiden.

1 Für die Creme Obers aufkochen. Kuvertüre darin auflösen, mit einem Stabmixer aufschlagen (homogenisieren) und 12 Stunden kühlen.

2 Für die Einlage Kirschen entkernen. Gelatine in Wasser einweichen. Stärke mit 2 EL vom Kirschensaft glatt rühren. Übrigen Saft mit Zucker, Zimt und abgeriebener Zitronenschale aufkochen. Stärke einrühren, 1 Minute kochen. Vom Herd nehmen, Zimt entfernen, Kirschen und ausgedrückte Gelatine einrühren und 15 Minuten kühlen.

3 Tränkezutaten vermischen. Einen Boden in die Form legen und mit Tränke beträufeln. Einlage in einen Dressiersack füllen und auf den Boden dressieren.

4 Creme aufschlagen und zwischen die Kirschringe dressieren. Zweiten Boden darauflegen und mit Tränke beträufeln.

1 Kuvertüre im heißen Obers auflösen und pürieren.

2 Kirschensaft mit den Aromaten aufkochen. Kirschen unterrühren.

3 Stärkemischung einrühren und ca. 1 Minute kochen.

5 Für das Kirschobers Gelatine in Wasser einweichen. Obers mit Zucker schlagen und kühlen. Gelatine im erwärmten Kirschwasser auflösen und in das Obers rühren. Kirschobers in die Form streichen, dritten Boden darauf legen. Torte 5 Stunden kühlen.

6 Für die Garnitur Obers schlagen. Torte damit einstreichen, mit Kirschen und Kuvertürespänen garnieren.

4 Zimt entfernen und die gut ausgedrückte Gelatine untermischen.

5 Kirschenmasse in 2 Ringen auf den getränkten Boden dressieren.

6 Creme zwischen die Kirschenringe dressieren.

7 Zweiten Boden darauf legen und mit Tränke beträufeln.

8 Gelatine im heißen Kirschwasser auflösen und in das Obers rühren.

9 Kirschobers in die Form streichen, dritten Teigboden darauf setzen.

10 Torte mit Obers einstreichen, mit Kirschen und Schokospänen garnieren.

Zutaten

1 Torte (12 Stücke),
Zubereitung ca. 1 Stunde,
zum Kühlen 15 Stunden

1 Kakao-Torte (siehe Rezept)

Schokocreme:
500 ml Schlagobers
120 g Kuvertüre BASIC 80 % smartbitter (klein gehackt)

Einlage:
350 g Kirschen
4 Blatt Gelatine
150 ml Kirschensaft
1 EL Speisestärke
40 g Kristallzucker
1 Stück Zimtstange
Schale von 1 Bio-Zitrone

Tränke:
150 ml Kirschensaft
50 ml Wasser
3 EL Kirschwasser

Kirschobers:
2 Blatt Gelatine
250 ml Schlagobers
2 EL Staubzucker
2 EL Kirschwasser

Garnitur:
125 ml Schlagobers
12 Kirschen
100 g Kuvertürespäne BASIC 50 % Bergmilch dunkel

Nährwert pro Stück:
497 kcal; 10 g EW; 25 g Fett; 59 g KH; 4,8 BE; 212 mg Chol.

Bananen-
Schokoladetorte

1 Rohr auf 170 °C vorheizen. Springform (Ø 26 cm) mit Butter ausstreichen und mit Mehl ausstreuen.

2 Mehl, Nüsse und Kuvertüre mischen. Eier mit Zucker, Vanillezucker, abgeriebener Orangenschale und 1 Prise Salz sehr schaumig rühren (Küchenmaschine ca. 8 Minuten, Handmixer 15 Minuten) – die Masse muss hellgelb und sehr luftig sein. Bananen schälen und auf einer Küchenreibe grob raspeln.

3 Öl unter ständigem Rühren zugießen und die Masse weiterschlagen. Bananen einrühren. Mehlmischung unterheben.

4 Masse in der Form glatt streichen und im Rohr (mittlere Schiene/Gitterrost) ca. 45 Minuten backen.

5 Torte aus dem Rohr nehmen, ca. 5 Minuten rasten lassen, aus der Form stürzen und auskühlen lassen.

6 Marmelade erhitzen und die Torte rundum damit einstreichen. Für die Glasur Kuvertüre in kleine Stücke brechen, mit Obers und Honig vermischen und über Wasserdampf schmelzen, dabei öfter umrühren. Glasur über die Torte gießen und gleichmäßig verstreichen.

7 Von der gelben Kuvertüre mit einem Messer Röllchen oder Späne abschaben und den Tortenrand damit garnieren. Die Torte zum Festwerden der Glasur für ca. 2 Stunden in den Kühlschrank stellen.

8 Für die Garnitur Schalen der Erdkirschen öffnen und nach oben ziehen. Torte mit Schokoladestäbchen und Erdkirschen garnieren.

Zutaten

1 Torte (12 Stücke), Zubereitung ca. 75 Minuten, zum Kühlen gesamt ca. 3 Stunden

170 g glattes Mehl
80 g Haselnüsse (gerieben)
100 g Kuvertüre BASIC 70 % nobelbitter (gerieben)
5 mittlere Eier
120 g Kristallzucker
1 Pkg. Vanillezucker
Schale von 1/2 Bio-Orange
500 g Bananen
140 ml Öl

Glasur & Garnitur:
80 g Marillenmarmelade
180 g Kuvertüre BASIC 70 % nobelbitter
125 ml Schlagobers
50 g Honig
100 g Kuvertüre BASIC 30 % gelb
5 Erdkirschen (Physalis)
Schokoladestäbchen

Salz, Butter, Mehl

Nährwert pro Stück:
518 kcal; 9,6 g EW; 28 g Fett; 56 g KH; 4,6 BE; 109 mg Chol.

Zutaten

1 TK-Pkg. Kastanienreis (à 125 g)
30 g Staubzucker
1/2 TL Rum
100 g Kuvertüre BASIC 30 % gelb

Nährwert pro Stück:
76 kcal; 0,7 g EW; 3 g Fett; 12 g KH; 1 BE; 2 mg Chol.

Garnitur

1. Kastanienreis auftauen lassen. Die Hälfte davon mit Staubzucker und Rum vermischen und kleine Kugeln formen. Kuvertüre grob raspeln, Kugeln darin wälzen.
2. Restliche Raspeln über Wasserdampf schmelzen, in ein kleines Papierstanitzel füllen und die Torte damit verzieren. Zum Festwerden des Dekors die Torte ca. 15 Minuten kühlen.
3. Kurz vor dem Anrichten restlichen Kastanienreis durch eine Erdäpfelpresse in die Mitte der Torte drücken. Torte mit den gewälzten Kastanienreis-Kugeln garnieren.

Maroni-
Schokoladetorte

1 Rohr auf 180 °C vorheizen. Springform (Ø 26 cm) mit Butter ausstreichen und mit Mehl ausstreuen.

2 Für den Boden Eier in Dotter und Klar trennen. Kuvertüre in Stücke brechen und über Wasserdampf schmelzen. Butter mit Staubzucker und 1 Prise Salz cremig rühren. Kuvertüre untermischen, Dotter nach und nach einrühren.

3 Eiklar mit Kristallzucker zu Schnee schlagen. Ein Drittel vom Schnee in die Masse rühren, übrigen Schnee und Mehl unterheben. Masse in der Form verstreichen und im Rohr (mittlere Schiene/Gitterrost) ca. 30 Minuten backen.

4 Biskuit aus dem Rohr nehmen und in der Form auskühlen lassen. Kastanienreis laut Anweisung auf der Packung auftauen lassen.

5 Biskuit aus der Form lösen, wenden und wieder in die Form legen. Kastanienreis mit Staubzucker glatt rühren. Gelatine in kaltem Wasser einweichen. Obers schlagen.

6 Rum erhitzen. Gelatine ausdrücken, im heißen Rum auflösen und mit dem Schneebesen zügig in die Maronimasse rühren. Die Hälfte vom Obers unter kräftigem Rühren untermischen, restliches Obers unterheben. Creme auf den Tortenboden streichen. Torte mit Frischhaltefolie zudecken und für ca. 8 Stunden kalt stellen.

7 Für die Glasur Kuvertüre in Stücke brechen, mit Obers und Honig unter Rühren über Wasserdampf schmelzen. Torte aus der Form lösen und auf ein Kuchengitter stellen. Glasur darübergießen und mit einer Palette gleichmäßig verstreichen. Torte für ca. 2 Stunden kalt stellen.

Zutaten

1 Torte (12 Stücke), Zubereitung ca. 75 Minuten, zum Auskühlen und Kühlen ca. 11 Stunden

Biskuitboden:
4 mittlere Eier
80 g Kuvertüre BASIC 60 % smartbitter
80 g weiche Butter
80 g Staubzucker
70 g Kristallzucker
70 g glattes Mehl

Creme:
2 TK-Pkg. Kastanienreis (à 125 g)
100 g Staubzucker
500 ml Schlagobers
5 Blatt Gelatine
3 EL Rum

Glasur:
200 g Kuvertüre BASIC 70 % nobelbitter
8 EL Schlagobers
50 g Honig

Salz, Butter, Mehl

Nährwert pro Stück:
477 kcal; 8 g EW; 25 g Fett; 53 g KH; 4,4 BE; 139 mg Chol.

Walnusskrokant

Zutaten

6 Törtchen, Zubereitung ca. 15 Minuten, zum Kühlen ca. 1 Stunde

50 g Kristallzucker
100 g Walnüsse (grob gehackt)
1 EL Butter

1 Blech mit Backpapier belegen. In einer Pfanne Zucker bis zur leichten Braunfärbung erhitzen (karamellisieren).

2 Nüsse einstreuen und Butter unterrühren. Mischung auf das Blech geben und auskühlen lassen. Krokant in möglichst kleine Stücke brechen.

Nusstörtchen

1 Für den Mürbteig Butter in kleine Stücke schneiden, mit Mehl verbröseln und mit Zucker rasch zu einem glatten Teig verkneten. Teig in Frischhaltefolie wickeln und 1 Stunde kühl stellen.

2 Rohr auf 200 °C vorheizen. Sechs kleine Tarteförmchen (Ø 9 cm) dünn mit Butter ausstreichen.

3 Mürbteig ca. 3 mm dick ausrollen und daraus 6 Scheiben (Ø 15 cm) ausschneiden. Teig in die Förmchen legen und seitlich ein wenig an den Formenrand drücken. Teig mit passend zugeschnittenem Backpapier belegen, mit getrockneten Hülsenfrüchten bestreuen und im Rohr (mittlere Schiene/Gitterrost) ca. 10 Minuten backen.

4 Teig aus dem Rohr nehmen, Hülsenfrüchte und Papier entfernen. Teig in der Form auskühlen lassen. Temperatur auf 180°C reduzieren.

5 Für die Garnitur Birnen auf Küchenpapier abtropfen lassen und fächerförmig einschneiden. Für die Fülle Eier in Dotter und Klar trennen. Gianduja über Wasserdampf schmelzen und den Krokant einrühren.

6 Dotter mit Staubzucker schaumig rühren. Eiklar mit restlichem Kristallzucker zu schmierigem Schnee schlagen. Zuerst die ein wenig abgekühlte Giandujamischung in die Dottermasse rühren, dann Schnee und Nüsse behutsam unterheben.

7 Masse auf den Teigböden gleichmäßig verstreichen. Törtchen mit je 1 Birnenhälfte und 2 Walnusskernen belegen und im Rohr (mittlere Schiene/Gitterrost) ca. 15 Minuten backen. Törtchen aus dem Rohr nehmen, mit Honig dünn bestreichen und abkühlen lassen.

Dekor: Besonders appetitlich sehen die Törtchen aus, wenn man sie mit gesponnenem Zucker (Engelshaar) garniert. **Variante:** Je nach Geschmack kann man statt der 6 kleinen Törtchen auch eine große Tarte (Ø 24 cm) zubereiten. Allerdings verlängert sich dabei die Backzeit auf ca. 40 Minuten.

Zutaten

6 Portionen, Zubereitung ca. 75 Minuten, zum Kühlen gesamt ca. 90 Minuten

Mürbteig:
150 g Butter
200 g glattes Mehl
70 g Staubzucker

Fülle:
4 mittlere Eier
100 g BASIC Haselnuss-Gianduja (klein geschnitten)
Walnuss-Krokant *(siehe Rezept)*
60 g Staubzucker
100 g Kristallzucker
100 g Walnüsse (grob gerieben)

Garnitur:
6 halbe Kompottbirnen
12 Walnusskerne

Butter, Honig, Hülsenfrüchte (getrocknet) zum Blindbacken

Nährwert pro Stück:
809 kcal; 13,5 g EW; 48 g Fett; 82 g KH; 7 BE; 226 mg Chol.

Quitten-Schokotorte

1 Für die Creme Kuvertüre klein hacken. Mit Obers und Butter im Wasserbad langsam schmelzen. Creme für ca. 8 Stunden kühl stellen.

2 Rohr auf 160 °C vorheizen. Den Boden einer Springform (Ø 24 cm) mit Backpapier bespannen.

3 Für den Tortenboden Kuvertüre klein hacken und über Wasserdampf schmelzen. Eier in Dotter und Klar trennen. Marzipan klein schneiden, mit Butter und Staubzucker schaumig rühren, bis sich das Marzipan aufgelöst hat. Kuvertüre einrühren, zuletzt Dotter untermischen.

4 Eiklar leicht schlagen, Zucker zugeben und zu cremigem Schnee schlagen. Schnee, dann Mehl unterheben. Masse in die Form füllen und im Rohr (mittlere Schiene) ca. 50 Minuten backen. Herausnehmen und ca. 3 Stunden auskühlen lassen.

5 Für das Kompott Quitten schälen, vierteln, entkernen und in 2 cm dicke Spalten schneiden. Restliche Zutaten in einem Topf vermischen und aufkochen. Quitten zugeben, zudecken und bei schwacher Hitze ca. 10 Minuten weich dünsten. Quitten herausheben und in einem Sieb abtropfen lassen.

6 Creme mit dem Schneebesen kurz aufrühren (1–2 Stunden vorher aus dem Kühlschrank nehmen). Tortenboden zweimal durchschneiden. Böden mit Creme bestreichen und mit Quitten belegen. Böden übereinandersetzen und für ca. 1 Stunde kühl stellen.

Zutaten

1 Torte (12 Stücke), Zubereitung ca. 2 Stunden, zum Kühlen ca. 9 Stunden

Tortenboden:
150 g Kuvertüre BASIC 70 % nobelbitter
6 mittlere Eier
50 g weiches Rohmarzipan
150 g weiche Butter
50 g Staubzucker
140 g Kristallzucker
160 g glattes Mehl

Creme:
400 g Kuvertüre BASIC 50 % Bergmilch dunkel
250 ml Schlagobers
2 EL Butter

Quittenkompott:
1 kg Quitten
250 ml Weißwein
350 ml Wasser
100 g Kristallzucker
1 Bio-Zitrone (in Scheiben geschnitten)
Saft von 1/2 Zitrone
1 Zimtstange

Nährwert pro Stück:
580 kcal; 11 g EW; 33 g Fett; 42 g KH; 3 BE; 174 mg Chol.

Kuchen, Schnitten, Rouladen

Kuchen

Kuchen ist der Sammelbegriff für vielerlei Backwerk. Dabei ist ihre Form und Größe nicht immer zwingend vorgeschrieben und darf durchaus auch der persönlichen Auslegung unterliegen. Die folgenden Rezepte sind leicht zuzubereiten und die vielfältigen Variationen mit Nüssen, Kokos, Mandeln und Kürbiskernen bringen ausreichend Abwechslung für Familie und Freunde.

Schnitten

Sie sind zwar nicht so rund wie Torten und Tartes, aber keineswegs weniger verführerisch. Wer kennt sie nicht die süßen Klassiker wie Creme-, Esterházy-, Dobos-, Bananen- und Kardinalschnitten! So quasi als Kontrastprogramm dazu versuchen Sie doch einmal unsere schokoladigen Vorschläge.

Rouladen

Die klassische Roulade wird aus Biskuitteig zubereitet, nach dem Backen mit Marillenmarmelade bestrichen, eingerollt und mit Staubzucker bestreut serviert. Der Kreativität unserer Konditoren ist es zu verdanken, dass es mittlerweile eine Vielzahl mehr an köstlichen Variationen davon gibt.

Kürbis-Schokoladekuchen

1 Rohr auf 180 °C vorheizen. Backform (ca. 750 ml Inhalt) mit Butter ausstreichen und mit Bröseln ausstreuen.

2 Mehl mit Backpulver versieben, Kuvertüre und Kürbiskerne untermischen. Eier in Dotter und Klar trennen. Dotter mit Staubzucker, Ingwer, Kirschenbrand, abgeriebener Orangenschale und ein 1 kleinen Prise Kardamom gut cremig rühren. Öl unter Rühren langsam zugießen.

3 Eiklar mit Kristallzucker und 1 Prise Salz zu cremigem Schnee schlagen. Ein Drittel vom Schnee und die Mehlmischung in die Dottermasse rühren, dann übrigen Schnee unterheben.

4 Masse in der Form verstreichen und im Rohr (mittlere Schiene/Gitterrost) 40 Minuten backen.

5 Kuchen aus dem Rohr nehmen, stürzen und auskühlen lassen.

Garnitur: Je nach Jahreszeit kann man den Kuchen mit gebackenen Kürbisblüten und süßer Kürbismarmelade garnieren.

Zutaten

1 Kuchen (10 Stücke), Zubereitung ca. 75 Minuten

80 g glattes Mehl
1/2 TL Weinstein-Backpulver
30 g Kuvertüre BASIC 60 % feinbitter (gerieben)
30 g Kürbiskerne (geröstet, gerieben)
3 mittlere Eier
40 g Staubzucker
1/2 TL frischer Ingwer (gehackt)
1 EL Kirschenbrand
Schale von 1/2 Bio-Orange
50 ml Kürbiskernöl
40 g Kristallzucker

Salz, Butter
Semmel- oder Schwarzbrotbrösel
Kardamom (gemahlen)

Nährwert pro Stück:
339 kcal; 8 g EW; 19 g Fett; 33 g KH; 2,5 BE; 145 mg Chol.

Schokolade-Walnusskuchen

1 Rohr auf 170 °C vorheizen. Ein Backblech mit hohem Rand mit Butter ausstreichen und mit Mehl ausstreuen.

2 Mehl mit Stärke versieben. Nüsse grob hacken. Kuvertüre in kleine Stücke schneiden und über Wasserdampf schmelzen.

3 Butter in Stücke schneiden, mit Staubzucker, Vanillezucker, Salz und geschmolzener Kuvertüre gut cremig rühren. Eier nach und nach untermischen und die Masse schaumig rühren (Küchenmaschine ca. 5 Minuten, Handmixer 10 Minuten). Mehl und Nüsse nacheinander unterheben.

4 Masse gleichmäßig auf dem Blech verstreichen und im Rohr (mittlere Schiene) ca. 45 Minuten backen. Kuchen aus dem Rohr nehmen, mit Backpapier abdecken und auskühlen lassen. Kuchen portionieren und mit Staubzucker bestreut servieren.

Zutaten

1 Kuchen (ca. 32 Stücke), Zubereitung ca. 90 Minuten

200 g glattes Mehl
70 g Maisstärke
200 g Walnüsse
300 g Kuvertüre BASIC 50 % Bergmilch dunkel
460 g weiche Butter
300 g Staubzucker
1 Pkg. Vanillezucker
1 kleine Prise Salz
7 mittlere Eier

Butter, Mehl
Staubzucker

Nährwert pro Stück:
271 kcal; 4,2 g EW; 19 g Fett; 21 g KH; 1,8 BE; 82 mg Chol.

Zutaten

8 Portionen, Zubereitung ca. 15 Minuten, zum Kühlen ca. 3 Stunden

3 Blatt Gelatine
250 ml Holundersirup
1 EL Holunderblüten

Nährwert pro Portion:
90 kcal; 1 g EW; 0 g Fett; 20 g KH; 0,8 BE; 0 mg Chol.

Holundergelee

1 Gelatine einweichen. Wenig Sirup erwärmen, Gelatine darin auflösen. Blüten und übrigen Sirup untermischen.

2 In eine Form füllen, zum Festwerden kalt stellen. Gelee aus der Form stürzen, in Stücke schneiden.

Holunder-Schokoladekuchen
mit Holundergelee

1 Rohr auf 170 °C vorheizen. Keramikformen (150 ml) mit Butter ausstreichen und mit Mehl ausstreuen.

2 Eier in Dotter und Klar trennen. Mehl mit Backpulver, Stärke und Mandeln vermischen. Kuvertüre über Wasserdampf schmelzen.

3 Butter, Staubzucker und 1 Prise Salz schaumig rühren, Kuvertüre einrühren, Dotter untermischen. Eiklar mit Zucker zu cremigem Schnee schlagen, abwechselnd mit der Mehlmischung unterheben.

4 Masse in die Förmchen füllen (nicht ganz voll), im Rohr (Backblech/mittlere Schiene) 30 Minuten backen. Kuchen aus den Formen stürzen, auskühlen lassen.

5 Für die Creme Topfen, Zucker und Sirup vermischen. Obers cremig schlagen und unterheben. Jeden Kuchen zweimal durchschneiden. Mit Creme füllen, mit Holundergelee servieren.

Zutaten

8 Stück, Zubereitung ca. 1 Stunde, zum Auskühlen ca. 2 Stunden

3 mittlere Eier
50 g glattes Mehl
1 Prise Weinstein-Backpulver
25 g Speisestärke
100 g Mandeln (gerieben)
100 g Kuvertüre BASIC 30 % gelb
100 g weiche Butter
50 g Staubzucker
50 g Kristallzucker

Holundercreme:
125 g Topfen (20 % Fett)
30 g Staubzucker
50 ml Holundersirup
125 ml Schlagobers

Salz, Butter, Mehl

Nährwert pro Stück:
385 kcal; 9 g EW; 28 g Fett; 24 g KH; 3 BE; 137 mg Chol.

Schokoladetörtchen

1 Rohr auf 170 °C vorheizen. Kuchenformen (à ca. 50 ml Inhalt) mit Butter ausstreichen und mit Mehl ausstreuen.

2 Kuvertüre hacken und über Wasserdampf schmelzen. Eier in Dotter und Klar trennen. Butter mit Staubzucker cremig rühren. Abgekühlte Kuvertüre untermischen. Dotter nach und nach einrühren und die Masse schaumig rühren.

3 Eiklar mit Kristallzucker zu cremigem Schnee schlagen. Mehl und Schnee abwechselnd unter die Buttermasse heben.

4 Masse in die Formen füllen und im Rohr (mittlere Schiene) ca. 20 Minuten backen. Törtchen aus dem Rohr nehmen, aus den Förmchen stürzen und auskühlen lassen.

5 Für die Glasur Zucker und Wasser aufkochen. Kuvertüre hacken, zugeben und bei schwacher Hitze unter Rühren dickflüssig einkochen (dauert ca. 10 Minuten).

6 Törtchen mit der Glasur überziehen. Glasur abkühlen lassen.

Zutaten

13 Stück, Zubereitung ca. 45 Minuten

125 g Kuvertüre BASIC 70 % nobelbitter
3 mittlere Eier
125 g weiche Butter
60 g Staubzucker
70 g Kristallzucker
125 g glattes Mehl

Schokoladeglasur:
100 g Kristallzucker
100 ml Wasser
200 g Kuvertüre BASIC 50 % Bergmilch dunkel

Butter, Mehl

Nährwert pro Stück:
301 kcal; 5,1 g EW; 13 g Fett; 41 g KH; 3,5 BE; 78 mg Chol.

Kokos-Schokoladekuchen

1 Rohr auf 165 °C vorheizen. Eine Backform (ca. 20 x 25 cm) mit Backpapier auslegen.

2 Mehl mit Backpulver und Kokosette vermischen. Kuvertüren klein hacken und getrennt über Wasserdampf schmelzen. Butter mit Staubzucker schaumig rühren. Eier nach und nach zugeben – nicht mehr lange schlagen, da die Masse sonst flüssig wird. Mehlmischung unterheben.

3 Ein Drittel der Masse in eine zweite Schüssel füllen. Geschmolzene Kokoskuvertüre einrühren. Dunkle Kuvertüre mit der verbliebenen Zwei-Drittel-Masse mischen.

4 Die Hälfte der dunklen Masse in die Form füllen, helle Masse darauf verteilen, mit der restlichen dunklen Masse bedecken. Die Massen vorsichtig verstreichen. Kuchen im Rohr (mittlere Schiene/Gitterrost) 40 Minuten backen.

5 Kuchen aus dem Rohr nehmen und auskühlen lassen.

6 Kuvertüre hacken und über Wasserdampf schmelzen. In ein kleines Papierstanitzel füllen und den Kuchen damit garnieren. Kuchen mit Bananenstücken und Kuvertürespänen garnieren.

Zutaten

1 Kuchen (10 Stücke), Zubereitung ca. 1 Stunde

100 g glattes Mehl
2 MS Weinstein-Backpulver
150 g Kokosette
80 g Kuvertüre BASIC Kokosnuss
120 g Kuvertüre BASIC 60 %
250 g weiche Butter
200 g Staubzucker
4 mittlere Eier

Belag und Garnitur:
50 g Kuvertüre BASIC 30 % gelb
1 große oder 2 kleine Bananen (geschnitten)
Kuvertürespäne BASIC Kokosnuss

Nährwert pro Stück:
608 kcal; 7,6 g EW; 39 g Fett; 56 g KH; 4,7 BE; 140 mg Chol.

Zwetschken-Schokoladekuchen

1 Rohr auf 170 °C vorheizen. Ein Backblech mit Butter bestreichen und mit Mehl stauben. Zwetschken halbieren und entkernen.

2 Mehl und Backpulver versieben und mit der Kuvertüre vermischen. Eier in Dotter und Klar trennen. Butter mit Staubzucker, 1 Prise Salz, Vanillezucker, Zimt und abgeriebener Zitronenschale schaumig schlagen. Dotter nach und nach zugeben.

3 Eiklar und Kristallzucker zu cremigem Schnee schlagen und unter die Buttermasse ziehen. Mehlmischung und Milch abwechselnd unterheben. Masse auf das Backblech streichen und mit den Zwetschken, Schnittfläche nach oben, belegen. Kuchen im Rohr (mittlere Schiene) ca. 35 Minuten backen.

Zutaten

1 Backblech (ca. 18 Stücke), Zubereitung ca. 1 Stunde

300 g glattes Mehl
1/2 Pkg. Weinstein-Backpulver
100 g Kuvertüre 50 % Bergmilch dunkel (grob gerieben)
3 mittlere Eier
140 g weiche Butter
140 g Staubzucker
1 Pkg. Vanillezucker
1/2 Moccalöffel Zimt
Schale von 1 Bio-Zitrone
60 g Kristallzucker
200 ml Milch

Belag:
700 g Zwetschken

Salz, Butter, Mehl

Nährwert pro Stück:
231 kcal; 4,1 g EW; 10 g Fett; 30,6 g KH; 2,5 BE; 60 mg Chol.

Schokolade-Mandelterrine

1 Rohr auf 200 °C vorheizen. Backblech mit Backpapier belegen.

2 Für die Biskotten Mehl mit Stärke versieben. Eiklar mit Kristallzucker zu cremigem Schnee schlagen. Zuerst Dotter einrühren, dann die Mehlmischung unterheben. Masse in einen Dressiersack mit glatter Tülle füllen und in Form von ca. 5 cm langen Biskotten auf das Papier dressieren.

3 Biskotten mit Staubzucker bestreuen, im Rohr (mittlere Schiene) ca. 10 Minuten backen – während des Backens einen Kochlöffel zwischen Backrohrtür und Rahmen klemmen, damit die Tür einen Spalt offen bleibt. Biskotten aus dem Rohr nehmen, mit dem Papier behutsam vom Blech ziehen, auskühlen lassen.

4 Kastenform (ca. 30 x 10 x 7 cm) mit Frischhaltefolie glatt auslegen.

5 Für die Creme Gelatine in kaltem Wasser einweichen. Kuvertüre und Gianduja in kleine Stücke brechen und über Wasserdampf schmelzen. Obers halb fest schlagen und kalt stellen. Eiklar mit Kristallzucker zu cremigem Schnee schlagen. Likör erwärmen, Gelatine gut ausdrücken und darin auflösen.

6 Zuerst Gelatinemischung, geschmolzene Kuvertüre und Gianduja in den Schnee rühren, dann Obers, Mandeln, Kakao und die gehackte Kuvertüre behutsam unterheben.

7 Boden der Form mit Biskotten auslegen (die Biskotten mit der Unterseite nach oben einlegen, damit nach dem Stürzen die »schöne« Seite oben ist!). Darauf die Hälfte der Creme verstreichen, mit einer weiteren Schicht Biskotten belegen und mit der übrigen Creme bestreichen. Mit einer Lage Biskotten abschließen. Form mit Frischhaltefolie zudecken. Creme zum Festwerden ca. 8 Stunden kühlen. Zum Anrichten die Folie entfernen, Terrine aus der Form stürzen und in gleich dicke Scheiben schneiden.

Zutaten

10 Portionen, Zubereitung ca. 75 Minuten, zum Kühlen ca. 8 Stunden

Biskotten:
60 g glattes Mehl
60 g Speisestärke
4 Eiklar
50 g Feinkristallzucker
6 Dotter

Creme:
3 Blatt Gelatine
150 g Kuvertüre BASIC 50 % Bergmilch dunkel
80 g BASIC Mandel Gianduja
300 ml Schlagobers
3 Eiklar
40 g Kristallzucker
3 EL Mandellikör
30 g Mandeln (fein gerieben)
8 g Kakao (20 % Fettgehalt)
30 g Kuvertüre BASIC 50 % Bergmilch dunkel (fein gehackt)

Staubzucker

Nährwert pro Stück:
325 kcal; 8,7 g EW; 18 g Fett; 31 g KH; 2,5 BE; 171 mg Chol.

Mandel-Schokoladeschnitten

1 Für die Creme Gianduja klein schneiden, mit dem Obers unter Rühren aufkochen, eventuell mit einem Stabmixer kurz aufschlagen (homogenisieren), in eine Schüssel gießen und über Nacht in den Kühlschrank stellen.

2 Rohr auf 190 °C vorheizen. Backblech mit Backpapier belegen. Mehl mit Mandeln vermischen. Eier in Dotter und Klar trennen. Kuvertüre in kleine Stücke brechen und über Wasserdampf schmelzen. Weiche Butter mit geschmolzener Kuvertüre, Staubzucker, Vanillezucker und 1 kl. Prise Salz gut cremig rühren. Dotter nach und nach einrühren. Eiklar mit Kristallzucker zu cremigem Schnee schlagen. Ein Drittel vom Schnee zügig in die Dottermasse rühren, restlichen Schnee unterheben. Mehl-Mandelmischung unterziehen. Mandelmasse gleichmäßig auf dem Blech verstreichen und im Rohr (mittlere Schiene) ca. 12 Minuten backen.

3 Teig aus dem Rohr nehmen, mit Kristallzucker bestreuen, mit Backpapier belegen und stürzen. Teig auskühlen lassen und das mitgebackene Backpapier abziehen.

4 Die gut gekühlte Creme wie Schlagobers aufschlagen. Teig längs in 4 gleich breite Streifen schneiden. 3 Streifen dick, einen Streifen ganz dünn mit Creme bestreichen. Die dick bestrichenen Kuchenstreifen übereinandersetzen, den dünn bestrichenen Streifen darauf setzen und behutsam andrücken.

5 Obers mit Honig aufkochen, vom Herd nehmen und die Kuvertüre langsam darin auflösen. Masse abkühlen lassen, auf der Mandelschnitte verstreichen und die abgezogenen Mandeln in gleichen Abständen darauf setzen. Mandelschnitte zum Festwerden ca. 1 Stunde kühl stellen.

Zutaten

8 Stück, Zubereitung ca. 1 Stunde, Kühlzeit insgesamt ca. 10 Stunden

200 g glattes Mehl
100 g Mandeln (fein gerieben)
8 mittlere Eier
100 g Kuvertüre BASIC 60 % feinbitter
160 g weiche Butter
60 g Staubzucker
1/2 Pkg. Vanillezucker
160 g Kristallzucker

Mandelcreme:
130 g BASIC Mandel-Gianduja
400 ml Schlagobers

Garnitur:
180 ml Schlagobers
50 g Honig
230 g Kuvertüre BASIC 70 % nobelbitter (gehackt)
8 ganze Mandeln (blanchiert, abgezogen)

Salz, Kristallzucker

Nährwert pro Stück:
508 kcal; 7,4 g EW; 32,5 g Fett; 42,4 g KH; 3,5 BE; 130 mg Chol.

Trüffelschnitte

1 Rohr auf 170 °C vorheizen. Backblech mit Backpapier belegen.

2 Kuvertüre über Dampf schmelzen. Eier in Dotter und Klar trennen. Butter mit Staubzucker und 1 kleinen Prise Salz gut cremig rühren. Lippenwarme Kuvertüre untermischen. Masse gut cremig rühren, Dotter nach und nach einrühren.

3 Eiklar mit Zucker zu cremigem Schnee schlagen. Ein Drittel vom Schnee mit der Masse verrühren. Restlichen Schnee und Mehl unterheben. Masse auf dem Blech verstreichen und im Rohr (mittlere Schiene) 15 Minuten backen.

4 Masse aus dem Rohr nehmen, auf mit Kristallzucker bestreutes Backpapier stürzen und auskühlen lassen.

Zutaten

Schokomasse:
Grundrezept für 1 Kuchen, Zubereitung ca. 45 Minuten, zum Kühlen 40 Minuten

50 g Kuvertüre BASIC 60 % feinbitter (klein gehackt)
6 mittlere Eier
100 g weiche Butter
50 g Staubzucker
100 g Kristallzucker
70 g glattes Mehl
Salz, Kristallzucker

Nährwert gesamt:
2.432 kcal; 55 g EW; 126 g Fett; 269 g KH; 21,5 BE; 1.547 mg Chol.

1 Butter mit Staubzucker und Salz gut cremig rühren.

2 Geschmolzene Kuvertüre untermischen.

3 Dotter nach und nach einrühren.

4 Eiklar mit Kristallzucker zu cremigem Schnee schlagen.

5 Ein Drittel vom Schnee mit der Kuvertüremasse verrühren.

6 Restlichen Schnee und Mehl unterheben.

7 Masse auf das Blech gießen und verstreichen.

8 Masse auf ein mit Kristallzucker bestreutes Blatt Backpapier stürzen.

Zutaten

300 ml Schlagobers
80 g Kuvertüre BASIC 80 % smartbitter (gehackt)

Creme

1 Für die Creme Obers aufkochen, Kuvertüre einrühren und darin auflösen. Creme in eine Schüssel gießen und mit dem Stabmixer kurz pürieren (homogenisieren). Mit Frischhaltefolie zudecken und für 7 Stunden kühl stellen.

2 Mitgebackenes Papier vorsichtig abziehen. Masse längs in 4 gleich breite Streifen schneiden. Creme mit dem Handmixer (kleinste Stufe) cremig aufrühren. Streifen mit der Creme bestreichen, übereinandersetzen und leicht andrücken. Schnitte rundum mit der Creme bestreichen und für ca. 3 Stunden kühl stellen.

3 Glasur über die Schnitte gießen und verstreichen. Gelbe Kuvertüre streifenförmig über die Glasur ziehen. Schnitte evtl. mit Kuvertürespänen garnieren und kühl stellen.

1 Obers aufkochen, Kuvertüre einrühren und darin auflösen.

2 Mischung mit dem Stabmixer kurz pürieren.

3 Creme mit Frischhaltefolie zudecken und kalt stellen.

4 Mischung mit dem Handmixer (kleinste Stufe) cremig aufrühren.

Glasur

1 Kuvertüre mit dem Öl über Wasserdampf langsam schmelzen.

2 Mit einem Schneebesen glatt rühren und lippenwarm abkühlen lassen.

Zutaten

Glasur für 1 Schnitte:
120 g Kuvertüre BASIC 60 % feinbitter (klein gehackt)
3 EL Öl

5 Mitgebackenes Papier vorsichtig abziehen.

6 Kuchen längs in 4 gleich breite Streifen schneiden.

7 Streifen mit der Creme gleichmäßig bestreichen.

8 Streifen übereinandersetzen, andrücken und mit Creme bestreichen.

9 Glasur über die Schnitte gießen und verstreichen.

10 Kuvertüre streifenförmig über die Glasur ziehen.

Zutaten

Zubereitung ca. 50 Minuten (Teig über Nacht rasten lassen)

50 g weiche Butter
50 g Staubzucker
50 g glattes Mehl
2 Eiklar
Butter, Mehl

Nährwert gesamt:
770 kcal; 15 g EW; 42,2 g Fett; 86 g KH; 7,2 BE; 120 mg Chol.

Hippenblätter

1 Butter cremig rühren, Staubzucker, dann Mehl einrühren. Eiklar nacheinander untermischen. Masse mit Frischhaltefolie zudecken und über Nacht kühl stellen.

2 Rohr auf 200 °C vorheizen. Ein Backblech dünn mit Butter bestreichen, mit Mehl bestreuen. Aus einem Stück festem Karton eine Öffnung in Form eines Blattes herausschneiden. Schablone auf das Blech legen, ein wenig vom Teig hineinstreichen, Schablone vorsichtig abheben. Übrigen Teig ebenso verarbeiten. Blätter 3 bis 4 Minuten hell backen (mittlere Schiene), mit einer Palette vom Blech lösen, eventuell über einen Kochlöffelstiel oder ein Nudelholz in Form biegen und auskühlen lassen.

Bûche de Noël – die dunkle Version

1 Rohr auf 200 °C vorheizen. Backblech mit Backpapier belegen. Mehl mit Kakao versieben. Eier mit Zucker, Vanillezucker und 1 kleinen Prise Salz über Wasserdampf schaumig schlagen. (Die Masse muss deutlich an Volumen zunehmen.)

2 Masse vom Dampf nehmen und weiter rühren, bis sie abgekühlt ist. Mehlmischung behutsam unterheben. Masse gleichmäßig auf dem Blech verstreichen und ca. 10 Minuten im Rohr (mittlere Schiene) backen.

3 Biskuit mit Kristallzucker bestreuen, auf ein Küchentuch stürzen (die angezuckerte Seite ist unten). Biskuit auskühlen lassen.

4 Für die Fülle Kuvertüre zerkleinern, über Wasserdampf schmelzen. Vom Dampf nehmen und ein wenig abkühlen lassen.

5 Obers schlagen, die Hälfte davon mit der Kuvertüre verrühren, übriges Obers unterheben.

6 Backpapier vom Biskuit abziehen. Biskuit gleichmäßig mit Marmelade, dann mit zwei Dritteln der Creme bestreichen. Kirschen darauf verteilen. Biskuit mit Hilfe des Tuches straff einrollen.

7 Ein Drittel der Roulade schräg abschneiden und etwa in der Mitte des längeren Stückes als Astgabel ansetzten. Biskuit mit der übrigen Creme bestreichen, für ca. 1 Stunde kalt stellen.

8 Inzwischen für die Garnitur Kuvertüre zerkleinern, über Wasserdampf schmelzen. Eine feste, ebene Unterlage (Brett oder Karton) mit Backpapier belegen. Die geschmolzene Kuvertüre mit einer Palette gleichmäßig dünn darauf verstreichen. Kuvertüre im Kühlschrank fest werden lassen (mind. 45 Minuten).

9 Kuvertüre behutsam vom Papier lösen, in Stücke brechen. Rasch arbeiten, damit die Blättchen nicht weich werden. Bûche de Noël damit belegen, mit Staubzucker bestreuen und mit Hippenblättern garnieren.

Zutaten

10 Stück, Zubereitung ca. 90 Minuten, zum Kühlen ca. 2 Stunden

Kakao-Biskuit:
90 g glattes Mehl
2 gestr. EL Kakao (20 % Fettgehalt)
5 mittlere Eier
100 g Kristallzucker
1 Pkg. Vanillezucker

Fülle:
200 g Kuvertüre BASIC 70 % nobelbitter
500 ml Schlagobers
200 g Kirschen-Marmelade
150 g Kompott-Kirschen (entkernt, gut abgetropft)

Garnitur:
100 g Kuvertüre BASIC 60 % feinbitter

Butter, Mehl, Staubzucker
Salz, Kristallzucker

Nährwert pro Stück:
515 kcal; 5,5 g EW; 29,5 g Fett; 54,4 g KH; 4,5 BE; 180 mg Chol.

Bananenroulade

1 Rohr auf 200 °C vorheizen. Backblech mit Backpapier belegen. Mehl sieben und mit dem Kakao vermischen.

2 Eier in Dotter und Klar trennen. Dotter mit wenig Salz, einem Drittel vom Zucker und dem Vanillezucker cremig rühren.

3 Eiklar mit restlichem Zucker zu cremigem Schnee schlagen. Ein Drittel vom Schnee in die Dottermasse rühren, restlichen Schnee und Mehl-Kakaomischung behutsam unterheben.

4 Masse glatt auf dem Blech verstreichen und im Rohr (mittlere Schiene) ca. 12 Minuten backen. Biskuit aus dem Rohr nehmen, mit Kristallzucker bestreuen, mit Backpapier belegen, stürzen und auskühlen lassen.

5 Ca. 200 ml von der Milch mit Zucker, Vanillezucker und 1 Prise Salz aufkochen. Restliche Milch mit Puddingpulver und Dotter glatt rühren und in die kochende Milch gießen. Pudding unter Rühren aufkochen und ca. 20 Sekunden weiter köcheln.

6 Pudding umgießen und weiter rühren, bis er nur mehr lauwarm ist. Kuvertüre einrühren, Butter in kleinen Stücken einrühren, Creme kühl stellen.

7 Backpapier vom Biskuit abziehen. Vanillecreme kurz aufrühren und auf dem Biskuit verstreichen. Bananen schälen, mit wenig Zitronensaft beträufeln und am unteren Rand des Biskuits auflegen.

8 Biskuit über die Bananen einrollen, mit Papier umwickeln und ca. 1 Stunde kühl stellen.

Zutaten

1 Roulade (8 Stücke), Zubereitung ca. 90 Minuten, zum Kühlen ca. 1 Stunde

60 g glattes Mehl
20 g Kakao (20 % Fettanteil)
5 mittlere Eier
80 g Kristallzucker
1 Pkg. Vanillezucker

Fülle:
300 ml Milch
100 g Kristallzucker
1 Pkg. Vanillezucker
40 g Vanille-Puddingpulver
1 Dotter
60 g Kuvertüre BASIC Kokosnuss (geschmolzen)
250 g Butter
2 mittelgroße Bananen (möglichst gerade)

Salz, Kristallzucker
Zitronensaft

Nährwert pro Stück:
530 kcal; 8,3 g EW; 33,1 g Fett; 48,9 g KH; 4,1 BE; 258 mg Chol.

Schokomousse-Roulade

1 Rohr auf 190 °C vorheizen. Backblech mit Backpapier belegen. Mehl mit Kakao und Stärke versieben.

2 Eier in Dotter und Klar trennen. Dotter mit Staubzucker schaumig rühren. Eiklar mit Kristallzucker zu cremigem Schnee schlagen. Ein Drittel vom Schnee in die Dottermasse rühren, restlichen Schnee und Mehl-Kakaomischung behutsam unterheben.

3 Masse auf das Blech streichen, im Rohr (unterste Schiene) 15 Minuten backen. Biskuit aus dem Rohr nehmen, auf ein mit Kristallzucker bestreutes Küchentuch stürzen und auskühlen lassen.

4 Für die Creme Gelatine in kaltem Wasser einweichen. Rum erwärmen, Gelatine ausdrücken und darin auflösen.

5 Ca. 3 EL von der Milch mit Zucker und Puddingpulver glatt rühren. Restliche Milch aufkochen, Puddingmischung zugießen und unter Rühren ca. 30 Sekunden köcheln. Creme vom Herd nehmen, zuerst Kuvertüre, dann die geschmolzene Gelatine einrühren. Creme in eine Schüssel gießen und abkühlen, aber nicht fest werden lassen.

6 Obers schlagen. Die Hälfte vom Obers in die Creme rühren, übriges Obers unterheben. Creme ca. 20 Minuten kühlen.

7 Backpapier vom Biskuit abziehen. Ca. ein Drittel der Creme für die Garnitur in eine Schüssel füllen und mit Frischhaltefolie zugedeckt kühl stellen. Übrige Creme auf das Biskuit streichen. Biskuit einrollen, straff in Backpapier wickeln, mit der Verschlussseite nach unten auf eine Platte legen und ca. 6 Stunden kühlen.

8 Roulade aus dem Papier wickeln. Reservierte Creme in einen Dressiersack mit Sterntülle füllen, 2 dünne Längsstreifen auf die Roulade dressieren, mit einer Palette glatt verstreichen. Roulade mit Kuvertürespänen bestreuen. Aus der übrigen Creme Rosetten auf die Roulade dressieren und mit Zuckereiern garnieren.

Zutaten

1 Roulade (10 Stücke), Zubereitung ca. 1 Stunde, zum Kühlen ca. 7 Stunden

Biskuit:
70 g glattes Mehl
10 g Kakao (20 % Fettgehalt)
30 g Speisestärke
5 mittlere Eier
60 g Staubzucker
40 g Kristallzucker

Creme:
4 Blatt Gelatine
2 EL weißer Rum (z. B. Bacardi)
200 ml Milch
30 g Kristallzucker
3 EL Vanille-Puddingpulver
150 g Kuvertüre BASIC 30 % gelb (klein gehackt)
250 ml Schlagobers

Garnitur:
50 g Kuvertürespäne BASIC 40 % Bergmilch hell
Zuckereier

Kristallzucker

Nährwert pro Stück:
384 kcal; 8,7 g EW; 15 g Fett; 52 g KH; 4,3 BE; 134 mg Chol.

Tartes

Neben den amerikanischen Pies zählen auch die französischen Tartes zu den Fixpunkten am internationalen Kuchenhimmel. Eine besondere Art der Verführung sind sie, wenn ihre knusprige Teighülle eine zart schmelzende Schokofüllung beinhaltet. Sie haben die Qual der Wahl zwischen so feinen Köstlichkeiten wie einer saftigen Birnen-Schokoladetarte, einer knusprigen Strudeltarte mit Schokolade-Nussfülle, einer provencalischen Schokoladetarte und einer sehr viel versprechenden Variante mit Olivenöl.

Schokoladetarte

1 Rohr auf 160 °C vorheizen. Tarteform (Ø 26 cm) mit Butter ausstreichen und mit Mandeln ausstreuen.

2 Eier in Dotter und Klar trennen. Kuvertüre in kleine Stücke hacken und über Wasserdampf schmelzen. Butter mit Vanillezucker, 1 kleinen Prise Salz und 60 g vom Kristallzucker gut cremig rühren. Dotter nach und nach einrühren, Schokolade unterziehen.

3 Eiklar mit übrigem Kristallzucker zu Schnee schlagen. Ein Drittel vom Schnee in die Schokolademasse rühren, restlichen Schnee, Brösel und die Nüsse unterheben. Masse in die Form füllen, zum Rand hochstreichen. Tarte im Rohr (mittlere Schiene/Gitterrost) ca. 45 Minuten backen, aus dem Rohr nehmen und auskühlen lassen.

4 Für die Creme Kuvertüre in kleine Stücke hacken. 100 ml vom Obers aufkochen, Kuvertüre zugeben und unter öfterem Umrühren schmelzen. Mischung vom Herd nehmen, in eine Schüssel füllen und so lange abkühlen lassen, bis die Masse gerade noch lippenwarm ist.

5 Inzwischen übriges Obers schlagen. Ein Drittel davon in die Kuvertüremasse rühren, restliches Obers unterheben und die Creme kurz anziehen lassen (sie sollte aber noch streichfähig sein). Tarte mit der Creme so bestreichen, dass sie in der Mitte ein wenig höher als am Rand ist.

6 Für die Garnitur Kuvertüre in grobe Späne hobeln, Tarte damit bestreuen und vor dem Anschneiden ca. 1 Stunde kühlen.

Zutaten

1 Tarte (10 Stücke),
Zubereitung ca. 90 Minuten,
zum Kühlen ca. 1 Stunde

4 mittlere Eier
70 g Kuvertüre BASIC 50 % Bergmilch dunkel
70 g weiche Butter
1/2 Pkg. Vanillezucker
70 g Kristallzucker
30 g Semmelbrösel
90 g Haselnüsse (gerieben)

Creme:
150 g Kuvertüre BASIC 70 % nobelbitter
300 ml Schlagobers

Garnitur:
100 g Kuvertüre BASIC 50 % Bergmilch dunkel

Salz, Butter, Mandeln (gerieben)

Nährwert pro Stück:
422 kcal; 9,4 g EW; 31 g Fett; 27 g KH; 2,2 BE; 139 mg Chol.

Zutaten

Zubereitung ca. 3 Stunden

1 mittlere Birne
150 ml Wasser
90 g Kristallzucker
Saft von 1 Zitrone
Öl

Birnenchips

1 Rohr auf 90 °C vorheizen. Backblech mit Backpapier belegen, Papier dünn mit Öl bestreichen. Birne waschen, auf einer Brot- oder Wurstschneidemaschine in möglichst dünne Scheiben schneiden und nebeneinander in eine Schüssel legen. Wasser mit Zucker und Zitronensaft aufkochen, vom Herd nehmen, über die Birnenscheiben gießen und ca. 8 Minuten ziehen lassen.

2 Birnenscheiben aus der Zuckermischung heben, mit Küchenpapier behutsam trocken tupfen und auf das Backblech legen. Im Rohr (mittlere Schiene) trocknen lassen bis sie knusprig sind (dauert ca. 3 Stunden).

Birnen-Schokoladetarte

1 Für den Teig Butter in Stücke schneiden, mit dem Mehl verbröseln, mit Staubzucker, Vanillezucker, Salz und Dotter verkneten. Teig in Frischhaltefolie wickeln und ca. 1 Stunde kühl rasten lassen.

2 Rohr auf 180 °C vorheizen. Teig auf einer leicht bemehlten Arbeitsfläche ca. 2 mm dick möglichst rund ausrollen und eine Tarteform (Ø 30 cm) damit auslegen. Teig seitlich ein wenig andrücken. Boden mit einer Gabel in kurzen Abständen einstechen.

3 Teig mit Backpapier belegen und mit Hülsenfrüchten beschweren. Teigboden im Rohr (mittlere Schiene/Gitterrost) ca. 15 Minuten hell backen, herausnehmen, Hülsenfrüchte und Papier entfernen. Teig in der Form auskühlen lassen.

4 Vanillecreme: Zwei Drittel der Milch mit Kristallzucker und Rum aufkochen. Übrige Milch mit Puddingpulver und Dotter glatt rühren, in die kochende Milch gießen und unter Rühren ca. 1 Minute köcheln. Pudding in eine Schüssel gießen, mit Frischhaltefolie luftdicht abdecken und auskühlen lassen.

5 Für die Fülle Mehl mit Stärke und Kuvertüre vermischen. Butter mit Zucker, Vanillezucker und abgeriebener Zitronenschale cremig rühren. Eier nach und nach zugeben, dann die ausgekühlte Vanillecreme einrühren. Mehlmischung und Nüsse unterheben.

6 Birnen schälen, halbieren, Kerngehäuse ausschneiden. Birnen in 1 cm dicke Spalten schneiden. Ein Drittel der Fülle auf den Teigboden streichen, sternförmig mit den Birnenstücken belegen, restliche Masse darauf verteilen. Tarte im Rohr (mittlere Schiene/Gitterrost) ca. 50 Minuten backen, aus dem Rohr nehmen und ca. 2 Stunden auskühlen lassen. Tarte mit Staubzucker bestreuen und mit den Birnenchips garnieren.

Zutaten

1 Tarte (12 Stücke), Zubereitung ca. 90 Minuten, zum Kühlen ca. 3 Stunden

Mürbteig:
100 g Butter
150 g glattes Mehl
50 g Staubzucker
1 Pkg. Vanillezucker
1 kleine Prise Salz
1 Dotter

Fülle:
40 g glattes Mehl
30 g Speisestärke
150 g Kuvertüre BASIC 60 % feinbitter (fein gerieben)
170 g weiche Butter
130 g Staubzucker
1 Pkg. Vanillezucker
Schale von 1 Bio-Zitrone
2 mittlere Eier (verquirlt)
Vanillecreme *(siehe Rezept)*
220 g Haselnüsse (fein gerieben)
600 g Birnen

Vanille-Creme:
250 ml Milch
50 g Kristallzucker
2 EL Rum
30 g Vanille-Puddingpulver
1 Dotter

Staubzucker, Mehl, Hülsenfrüchte (getrocknet)

Nährwert pro Stück:
563 kcal; 7,8 g EW; 36 g Fett; 51 g KH; 4,3 BE; 136 mg Chol.

Zutaten

12 Portionen,
Zubereitung ca. 15 Min.

250 ml Wasser
2 TL Vanillezucker
160 g Kristallzucker
2 TL Kardamom
1 kl. Stück Zimtrinde
200 g Kuvertüre BASIC 80 % smartbitter (grob gehackt)

Garnitur:
Zimtrinden

Nährwert pro Portion:
128 kcal; 2 g EW; 3 g Fett; 23 g KH; 1,8 BE; 0 mg Chol.

Dunkle Schokoladesauce

1 Wasser, Vanillezucker, Zucker, Kardamom und Zimt aufkochen und vom Herd nehmen. Kuvertüre unter Rühren darin auflösen.

2 Zimtrinde entfernen. Sauce kurz aufmixen und abkühlen lassen.

3 Sauce in Schüsserln füllen und mit Zimtrinden garnieren.

Schokoladetarte

1 Rohr auf 180 °C vorheizen. Springform (Ø 26 cm) mit Butter ausstreichen und mit Mehl ausstreuen.

2 Eier in Dotter und Klar trennen. Kuvertüre über Wasserdampf schmelzen. Butter mit Staubzucker cremig rühren. Kuvertüre vom Dampf nehmen und nach und nach in den Butterabtrieb rühren. Vanillezucker und Rum zugeben, Dotter nach und nach unterrühren und die Masse cremig aufschlagen. Eiklar mit 1 Prise Salz zu cremigem Schnee schlagen und mit dem Mehl unter die Masse heben.

3 Masse in der Form verstreichen und im Rohr (mittlere Schiene/Gitterrost) ca. 30 Minuten backen. Tarte aus der Form lösen, mit Staubzucker bestreuen und mit dunkler oder heller Schokosauce servieren.

Helle Schokoladesauce

1 Obers, Kardamom und Zimt aufkochen. Kuvertüre darin unter Rühren schmelzen. Zimtrinde entfernen.

2 Sauce in Schüsserln füllen, mit Zimtrinden garnieren.

Zutaten

1 Tarte (12 Stücke), Zubereitung ca. 1 Stunde

4 mittlere Eier
150 g Kuvertüre BASIC 90 % grenzbitter (gehackt)
150 g weiche Butter
150 g Staubzucker
1 TL Vanillezucker
1 EL Rum
50 g glattes Mehl

Salz, Butter, Mehl
Staubzucker

Nährwert pro Stück:
282 kcal; 5 g EW; 18 g Fett; 25 g KH; 2 BE; 117 mg Chol.

Helle Schokoladesauce:
12 Portionen, Zubereitung ca. 15 Min.

250 ml Schlagobers
2 TL Kardamom
1 kl. Stück Zimtrinde
200 g Kuvertüre BASIC 50 % Bergmilch dunkel (grob gehackt)

Garnitur:
Zimtrinden

Nährwert pro Portion:
130 kcal; 3 g EW; 9 g Fett; 9 g KH; 0,7 BE; 20 mg Chol.

Schokolade-Oliventarte

1 Rohr auf 170 °C vorheizen. Eine Tarteform (Ø 20 cm) mit Butter ausstreichen und mit Mehl ausstreuen.

2 Mandeln im Rohr ca. 10 Minuten hell rösten, herausnehmen und abkühlen lassen. Oliven trocken tupfen, entkernen und grob schneiden.

3 Mehl mit Kakao versieben. Kuvertüre in kleine Stücke brechen und über Wasserdampf schmelzen.

4 Eier mit Zucker, Vanillezucker und 1 kleinen Prise Salz gut schaumig rühren (Küchenmaschine mind. 5, Handmixer mind. 10 Minuten). Olivenöl, dann weiche Butter nach und nach unterrühren. Kuvertüre untermischen.

5 Mehl-Kakaomischung, Mandeln und Oliven unterheben. Masse in der Form verstreichen und im Rohr (mittlere Schiene/Gitterrost) ca. 40 Minuten backen.

6 Tarte aus dem Rohr nehmen, kurz überkühlen lassen und am besten noch lauwarm servieren. Besonders köstlich schmeckt sie mit halb geschlagenem Obers oder mit Vanilleeis.

Zutaten

1 Tarte (8 Stücke), Zubereitung ca. 75 Minuten

50 g Mandeln (geschält; schwach geröstet)
20 g Oliven (in Olivenöl eingelegt)
100 g glattes Mehl
10 g Kakao (20 % Fettgehalt)
70 g Kuvertüre BASIC 70 % nobelbitter
2 mittlere Eier
180 g Feinkristallzucker
1 Pkg. Vanillezucker
140 ml Olivenöl
30 g weiche Butter

Butter, Mehl, Salz

Nährwert pro Stück:
442 kcal; 6 g EW; 30 g Fett; 39 g KH; 3 BE; 73 mg Chol.

Strudeltarte
mit Schoko-Nussfülle

1 Rohr auf 180 °C vorheizen. Springform (Ø 24 cm) mit Butter ausstreichen.

2 Nüsse mit Zucker, Kuvertüre und Butter vermischen. Honig erwärmen. Ein Strudelblatt so falten, dass es in die Form passt, hineinlegen und mit Butter bestreichen. Zweites Strudelblatt ebenso falten, hineinlegen und mit Butter bestreichen.

3 Teig mit der Hälfte von der Nussmischung bestreuen, mit der Hälfte vom Honig beträufeln und mit einem weiteren Strudelblatt belegen.

4 Teig mit übriger Nussmischung bestreuen, mit restlichem Honig beträufeln und mit dem letzten Strudelblatt belegen. Tarte mit Butter bestreichen und im Rohr (mittlere Schiene/Gitterrost) ca. 30 Minuten goldbraun backen. Tarte herausnehmen und auskühlen lassen.

5 Für die Garnitur Feigen vierteln. Crème fraîche mit Zucker und Nüssen verrühren, in Häufchen auf die Torte setzen und mit den Feigen garnieren. Tarte mit Staubzucker bestreuen.

Zutaten
1 Tarte (12 Stücke),
Zubereitung ca. 1 Stunde

120 g Strudelteig (4 Blätter)
100 g Butter (zerlassen)

Fülle:
80 g Walnüsse (gehackt)
100 g Walnüsse (gerieben)
30 g brauner Zucker
50 g Kuvertüre BASIC 90 % grenzbitter (grob gehackt)
20 g weiche Butter
100 g Honig

Garnitur:
3 Feigen
80 g Crème fraîche
1 EL Staubzucker
40 g Walnüsse (gerieben)

Butter, Staubzucker

Nährwert pro Stück:
337 kcal; 5 g EW; 25 g Fett; 25 g KH; 2 BE; 35 mg Chol.

Herziger Nougatkuchen

1 Die Böden von Keramik-Herzformen (an der breitesten Stelle ca. 10 cm lang, 2 cm hoch) mit Backpapier belegen. Teigzutaten rasch verkneten (Handmixer oder Küchenmaschine/Knethaken), Teig in Folie wickeln und für mind. 1 Stunde kalt stellen (oder Teig am Vortag zubereiten).

2 Teig ca. 3 mm dick ausrollen, die Formen damit auslegen. Teig andrücken, mit einer Gabel mehrmals einstechen und nochmals für 1 Stunde kalt stellen.

3 Rohr auf 170 °C vorheizen. Teig mit Alufolie bedecken und 15 Minuten backen (mittlere Schiene/Gitterrost).

4 Inzwischen Gianduja und Butter klein schneiden, in einen Schneekessel geben und über Wasserdampf auflösen. Salz und Zucker mit dem Schneebesen einrühren. Eier nach und nach unterziehen. Mehl darüber sieben und unterheben.

5 Masse auf den Mürbteig füllen und im Rohr (mittlere Schiene/Gitterrost) ca. 15 Minuten backen – die Masse soll innen noch speckig sein. Herzen aus dem Rohr nehmen und überkühlen lassen.

6 Orangen mit einem Messer so schälen, dass das Fruchtfleisch frei liegt. Filets zwischen den Trennhäuten herausschneiden. Herzen mit den Orangenfilets belegt servieren.

Zutaten

4 Stück, Zubereitung ca. 1 Stunde, zum Rasten ca. 2 Stunden

Mürbteig:
150 g glattes Mehl
100 g kalte, kleine Butterstücke
50 g Staubzucker
1 Dotter

Fülle:
150 g BASIC Haselnuss-Gianduja
100 g weiche Butter
1 Prise Salz
80 g Kristallzucker
3 mittlere Eier
1 EL glattes Mehl

Garnitur:
3 Orangen

Nährwert pro Stück:
940 kcal; 14 g EW; 57 g Fett; 94 g KH; 7,8 BE; 358 mg Chol.

Kaffeehaus-Klassiker

Süße Klassiker mit Schokolade

Österreich ist nicht nur ein Land mit großer Kaffeehaustradition, sondern auch reich an unwiderstehlichen süßen Klassikern der Konditorenzunft. In kaum einem andern Land versteht man sich ähnlich gut auf die Zubereitung von Kuchen, Torten und all den anderen köstlichen Mehlspeisen. In diesem Kapitel wollen wir stellvertretend für das reichhaltige Angebot vier würdige Vertreter, in denen die Schokolade im Vordergrund steht, vorstellen.

Rehrücken

mit Schokoglasur und Pinienkernen

1 Für den Kuchen Mandeln, Mehl und gehackte Gianduja vermischen. Kuvertüre über Wasserdampf schmelzen, vom Herd nehmen. Ca. 3 Minuten abkühlen lassen. Eier in Dotter und Klar trennen

2 Rohr auf ca. 170 °C vorheizen. Rehrückenform (Inhalt 1,5 l) mit Butter ausstreichen und mit Mehl ausstreuen.

3 Vanillezucker und die Hälfte der Butter in die Kuvertüre rühren, übrige Butter untermischen, Masse glatt rühren. Dotter nach und nach einrühren (ab nun nicht mehr rühren).

4 Eiklar mit Stärke und Zucker zu cremigem Schnee schlagen. Die Hälfte vom Schnee in die Masse rühren, restlichen Schnee und die Mandel-Mehlmischung unterheben. Masse in die Form füllen, zum Rand hin hochstreichen und 45–50 Minuten (mittlere Schiene/Gitterrost) backen.

5 Kuchen aus dem Rohr nehmen, ca. 5 Minuten rasten lassen, aus der Form stürzen und auskühlen lassen. Marmelade aufkochen. Rehrücken mit Marmelade glatt einstreichen.

6 Für die Glasur Fondant mit Wasser und Kuvertüre über Wasserdampf erwärmen, dabei öfter rühren. Rehrücken mit der Glasur übergießen (eventuell mit einer Palette verteilen). Glasur ca. 15 Minuten abkühlen lassen.

7 Rehrücken mit den Pinienkernen spicken und zum Festwerden der Glasur für ca. 1 Stunde kühlstellen.

Zutaten

1 Kuchen (ca. 10 Stücke), Zubereitung ca. 90 Minuten, zum Festwerden der Glasur ca. 75 Minuten

Kuchen:
150 g Mandeln (ungeschält, gerieben)
40 g glattes Mehl
50 g BASIC Mandel-Gianduja (klein gehackt)
100 g Kuvertüre BASIC 80 % smartbitter
6 mittlere Eier
100 g weiche Butter
1/2 Pkg. Vanillezucker
15 g Speisestärke
60 g Kristallzucker

Glasur und Garnitur:
100 g Ribiselmarmelade (passiert)
400 g weißer Fondant (erhältlich in Konditoreibedarfsgeschäften)
40 ml Wasser
30 g Kuvertüre BASIC 70 % nobelbitter (fein gehackt)
50 g Pinienkerne

Butter, Mehl

Nährwert pro Stück:
538 kcal; 11,2 g EW; 27 g Fett; 62 g KH; 5,2 BE; 168 mg Chol.

Zutaten
für 10 Stück, Zubereitung ca. 1 Stunde

250 g Marillenmarmelade
400 g Fondant (erhält man in Konditoreibedarfsgeschäften)
2 EL Wasser
80 g Kuvertüre BASIC 90 % grenzbitter
500 ml Schlagobers

Fülle & Garnitur

1 Marmelade aufkochen und eventuell passieren. Die Oberteile der Indianer mit Marmelade bestreichen, wenden und auf ein Gitter setzen. Marmelade auskühlen lassen.

2 Inzwischen Fondant mit Wasser verrühren und über Wasserdampf erwärmen. Kuvertüre über Wasserdampf schmelzen. Fondant mit geschmolzener Kuvertüre einfärben.

3 Oberteile der Indianer dünn mit Fondant überziehen, auf ein Gitter setzen und die Glasur fest werden lassen.

4 Obers schlagen und kalt stellen. Die Krapfenunterteile in Papierkapseln setzen und mit dem Obers füllen (Dressiersack mit Sterntülle). Oberteile darauf setzen.

Indianer mit Schlag

1 Rohr auf 180 °C vorheizen. Backblech mit Backpapier belegen.

2 Dotter mit 1 EL vom Zucker und Vanillezucker gut aufschlagen. Eiklar mit restlichem Zucker und Stärke zu cremigem Schnee schlagen. Ein Drittel vom Schnee mit der Dottermasse verrühren, das Mehl, die Butter und den restlichen Schnee unterheben.

3 Masse in einen Dressiersack ohne Tülle füllen und möglichst rasch Krapferln (Ø ca. 5 cm) auf das mit Backpapier belegte Backblech spritzen. Krapferln im Rohr (mittlere Schiene) ca. 15 Minuten backen.

4 Krapferln aus dem Rohr nehmen, auskühlen lassen und vom Papier lösen. Die Hälfte der Krapferln an der Unterseite ein wenig aushöhlen, die andere Hälfte unten glatt schneiden, damit sie gut stehen (daraus werden die Unterteile der Indianer).

Zutaten

10 Stück, Zubereitung ca. 90 Minuten

3 Dotter
50 g Kristallzucker
1/2 Pkg. Vanillezucker
4 Eiklar
40 g Speisestärke
30 g glattes Mehl
30 g Butter (geschmolzen)

Nährwert pro Stück:
419 kcal; 2,1 g EW; 16,9 g Fett; 61,2 g KH; 5,1 BE; 55 mg Chol.

1 Dotter mit etwas Zucker verrühren. Eiklar mit restlichem Zucker und Stärkemehl zu Schnee schlagen. Dottermasse gut cremig rühren, ein Drittel vom Schnee unterheben.

2 Masse in einen Dressiersack füllen und Krapferln auf das mit Backpapier belegte Backblech spritzen.

3 Die Oberteile der Indianer mit heißer Marmelade bestreichen und zum Auskühlen auf ein Gitter setzen.

4 Fondant und Schokolade mischen, die Oberteile darin tunken und zum Festwerden auf ein Gitter setzen.

Sachertorte

1 Rohr auf 160 °C vorheizen. Springform (Ø 24 cm) mit Butter ausstreichen und mit Mehl ausstreuen.

2 Kuvertüre über Wasserdampf schmelzen (lippenwarm). Eier in Dotter und Klar trennen. Butter mit Staubzucker, Vanillezucker und 1 kleinen Prise Salz gut cremig rühren. Kuvertüre untermischen. Masse gut cremig rühren, Dotter nach und nach einrühren.

3 Eiklar ca. 30 Sekunden aufschlagen, Kristallzucker einrieseln lassen und zu cremigem Schnee schlagen. Ein Drittel vom Schnee mit der Masse verrühren. Restlichen Schnee und Mehl behutsam unterheben. Masse in die Form füllen, zum Rand hin hochstreichen und im Rohr (mittlere Schiene/Gitterrost) ca. 1 Stunde backen.

4 Torte aus dem Rohr nehmen, mit Kristallzucker bestreuen, mit Backpapier bedecken, umdrehen und in der Form auskühlen lassen. Springform öffnen und abheben. Die beim Backen entstandene Kruste wegschneiden.

5 Obers aufkochen, Kuvertüre unter Rühren darin auflösen. Mischung vom Herd nehmen und 5 Minuten abkühlen lassen. Butter zugeben, Glasur glatt rühren und abkühlen lassen, bis sie lippenwarm ist (ca. 20 Minuten), dabei öfter umrühren. .

6 Torte horizontal durchschneiden. Marmelade glatt rühren. Unteren Tortenboden mit ca. 3 EL Marmelade bestreichen, zweiten Tortenboden darauf setzen. Torte mit der übrigen Marmelade rundum einstreichen. Glasur über die Torte gießen und mit einer Palette verstreichen. Torte zum Festwerden der Glasur für ca. 3 Stunden kühl stellen.

Beachten Sie unsere Kochschule auf der nächsten Seite!

Zutaten

1 Torte (16 Stücke), Zubereitung ca. 2 Stunden, zum Kühlen ca. 4 Stunden

Torte:
200 g Kuvertüre BASIC 70 % nobelbitter (klein gehackt)
7 mittlere Eier
200 g weiche Butter
60 g Staubzucker
1 Pkg. Vanillezucker
200 g Kristallzucker
180 g glattes Mehl

Garnitur:
200 g Marillenmarmelade (fein passiert)

Glasur:
150 ml Schlagobers
200 g Kuvertüre BASIC 70 % nobelbitter (klein gehackt)
50 g Butter

Salz, Kristallzucker
Butter, Mehl

Nährwert pro Stück:
422 kcal; 7 g EW; 22 g Fett; 50 g KH; 4,1 BE; 150 mg Chol.

Sachertorte – Schritt für Schritt

1 Form mit Butter ausstreichen und mit Mehl ausstreuen.

2 Butter mit Staubzucker, Vanillezucker und Salz gut cremig rühren.

3 Geschmolzene Kuvertüre untermischen. Masse gut cremig rühren.

4 Dotter nach und nach einrühren.

5 Eiklar mit Kristallzucker zu cremigem Schnee schlagen.

6 Ein Drittel vom Schnee mit der Schokomasse verrühren.

7 Restlichen Schnee und Mehl behutsam unterheben.

8 Masse in die Form füllen, zum Rand hin hochstreichen.

Sachertorte füllen

1 Torte aus der Form lösen, Kruste wegschneiden.

2 Torte horizontal durchschneiden.

3 Unteren Teigboden mit Marmelade bestreichen.

4 Zweiten Teigboden darauf setzen. Torte mit Marmelade bestreichen.

5 Glasur über die Torte gießen.

6 Glasur mit einer Palette verstreichen.

Glasur

1 Kuvertüre im heißen Obers auflösen. Mischung vom Herd nehmen.

2 Nach 5 Minuten Butter einrühren. Glasur abkühlen lassen.

Schokoladeschnitte

1 Rohr auf 180 °C vorheizen. Backblech (40 x 30 cm) mit Backpapier belegen.

2 Mehl mit Mandeln mischen. Eier in Dotter und Klar trennen. Kuvertüre klein hacken, über Wasserdampf schmelzen und vom Herd nehmen. Butter mit 40 g vom Zucker gut cremig rühren, Kuvertüre, dann die Dotter nach und nach untermischen.

3 Eiklar mit übrigem Zucker zu cremigem Schnee schlagen und abwechselnd mit dem Mehl unter die Masse heben. Masse auf dem Blech verstreichen und im Rohr (mittlere Schiene) ca. 15 Minuten backen.

4 Masse aus dem Rohr nehmen, auskühlen lassen und in 3 Streifen (40 x 10 cm) schneiden.

5 Für die Creme Obers aufkochen und vom Herd ziehen. Kuvertüre klein hacken und unter Rühren im Obers auflösen. Creme abkühlen lassen; dabei immer wieder durchrühren.

6 Sobald die Creme ein wenig anzieht, Butter einrühren und Rum hineinträufeln. Creme für ca. 30 Minuten kühl stellen. Creme leicht aufschlagen.

7 Marmelade glatt rühren. Zwei Teigstreifen mit Marmelade und der Hälfte der Creme bestreichen. Streifen übereinandersetzen, übrigen Streifen darauf legen und behutsam andrücken. Schnitte mit der restlichen Creme rundum einstreichen. Oberfläche mit einer gerillten Teigkarte verzieren und mit Pistazien bestreuen. Schnitte für ca. 90 Minuten kühl stellen.

Zutaten

16 Stück, Zubereitung ca. 1 Stunde, zum Kühlen ca. 3 Stunden

50 g glattes Mehl
60 g Mandeln (geröstet, fein gerieben)
6 mittlere Eier
140 g Kuvertüre BASIC 60 % feinbitter
140 g weiche Butter
140 g Kristallzucker

Parisercreme:
250 ml Schlagobers
250 g Kuvertüre BASIC 70 % nobelbitter
40 g weiche Butter
1 EL Rum

Garnitur:
100 g Ribiselmarmelade (passiert)
25 g Pistazien (gehackt)

Nährwert pro Stück:
354 kcal; 7 g EW; 24 g Fett; 27 g KH; 2 BE; 130 mg Chol.

Warme Desserts

Allein der Duft von Schokolade, der durch das Haus zieht, versetzt alle Geschmacksknospen in einen Zustand freudiger Erwartung. Die auf den folgenden Seiten vorgestellte Auswahl an warmen Desserts lässt die Herzen vieler »Mehlspeis-Tiger« höher schlagen.

Schmarren, Knödel, Strudel, Waffeln & Co

Schier unerschöpflich ist die Vielfalt an typischen warmen Wiener Mehlspeisen-Spezialitäten, deren Ursprung man in der böhmischen Küche findet. Wer kennt Sie nicht, die flaumigen Schmarren, fruchtigen Knödel, luftigen Strudel und knusprigen Waffeln. Viele dieser süßen Verführer erhalten durch die Zugabe von Schokolade eine ganz besondere geschmackliche Note.

Soufflés und Aufläufe

Sie entlocken uns süße Seufzer – diese fragilen Gebilde aus Eiklar und Luft zählen zu Recht zur höchsten Schule der Backkunst. Die Zubereitung erscheint zwar einfach, birgt aber so manches kleine Geheimnis, das es gilt zu entdecken. Aber mit ein wenig Fingerspitzengefühl, einem guten Rezept und bester Schokolade gelingen sie auch Ungeübten.

Schokoschmarren

mit Ananas und Banane

1 Ananas schälen, die dunklen Vertiefungen ausschneiden. Banane schälen. Früchte in kleine Würfel schneiden (man braucht je ca. 5 EL).

2 Kuvertüre klein schneiden und über Wasserdampf schmelzen. Eier in Dotter und Klar trennen. Eiklar mit Zucker, 1 Prise Salz und Chili cremig schlagen. Dotter, danach Kuvertüre und Butter vorsichtig einrühren. Mehl darüber sieben und unterheben.

3 Rohr auf 180 °C vorheizen. In einer Pfanne 1 EL Butter zergehen lassen. Ananas darin hellbraun anbraten, Banane zugeben. Pfanne vom Herd nehmen, Schmarrenmasse darin verteilen und ca. 15 Minuten im Rohr backen.

4 Schmarren auf ein Blech stürzen, kurz rasten lassen und in Stücke schneiden oder Motive ausstechen. Obers leicht schlagen, Schmarren darauf anrichten, mit Granatapfelkernen bestreuen.

Zutaten

4 Portionen, Zubereitung ca. 40 Minuten

Schmarren:
80 g Kuvertüre BASIC 80 % smartbitter (klein gehackt)
3 mittlere Eier
40 g Feinkristallzucker
1 Prise Chilipulver
80 g Butter (geschmolzen)
30 g glattes Mehl

Einlage:
1/2 Baby-Ananas
1/2 Banane

Garnitur:
125 ml Schlagobers
Granatapfelkerne

Salz, Butter

Nährwert pro Portion:
636 kcal; 12 g EW; 46 g Fett; 44 g KH; 3,6 BE; 308 mg Chol.

Zutaten

Zubereitung ca. 20 Minuten, zum Kühlen ca. 12 Stunden

Helle Schokoladecreme:
250 ml Schlagobers
100 g Kuvertüre BASIC 30 % gelb (gehackt)

Dunkle Schokoladecreme:
250 ml Schlagobers
70 g Kuvertüre BASIC 70 % nobelbitter (gehackt)

Dunkle und helle Schokoladecreme

1 Schlagobers aufkochen, Kuvertüre zugeben und unter Rühren auflösen.

2 Creme vom Herd nehmen, mit einem Stabmixer ca. 5 Sekunden pürieren (homogenisieren), in eine Schüssel gießen und abkühlen lassen. Creme mit Frischhaltefolie zudecken und ca. 12 Stunden kühl stellen.

3 Dunkle Schokoladecreme ebenso zubereiten. Vor dem Anrichten Schokoladecremen mit einem Handmixer auf kleiner Stufe dickcremig aufrühren.

Waffeln
hell und dunkel

1 Für die Garnitur ca. 200 g von den Himbeeren mit dem Staubzucker fein pürieren und eventuell noch durch ein Sieb streichen.

2 Waffeleisen geschlossen vorheizen. Eier in Dotter und Klar trennen. Mehl mit Backpulver und Kakao versieben, Nüsse untermischen. Milch mit Staubzucker, Vanillezucker, abgeriebener Orangenschale und Salz gut verrühren. Milch unter Rühren in die Mehlmischung gießen und glatt rühren. Eiklar mit Kristallzucker zu cremigem Schnee schlagen. Zuerst Dotter und Butter in die Masse rühren, dann Schnee unterheben.

3 Backfläche mit wenig Öl oder Butter bestreichen. Ca. 1 Schöpflöffel Teig (ca. 100 ml) eingießen, so dass die Fläche dünn bedeckt ist. Gerät schließen und die Waffeln 5–6 Minuten backen. Waffel aus dem Waffeleisen lösen und mit einem Messer in die einzelnen Herzen zerteilen. Aus der übrigen Masse ebenso Waffeln backen.

4 Pro Portion 5 Herzen mit heller und dunkler Schokoladecreme zusammensetzen. Waffeltürmchen mit den ganzen Himbeeren und der Himbeersauce anrichten.

Zutaten

8 Portionen (je 5 Waffelherzen), Zubereitung ca. 45 Minuten

Schokowaffeln:
2 mittlere Eier
150 g glattes Mehl
1 Prise Weinstein-Backpulver
25 g Kakao (20 % Fettgehalt)
60 g Walnüsse (fein gerieben)
170 ml Milch
50 g Staubzucker
1 Pkg. Vanillezucker
Schale von 1 Bio-Orange
1 Prise Salz
10 g Kristallzucker (1 EL)
120 g Butter (zerlassen)

Garnitur:
300 g Himbeeren
100 g Staubzucker

Öl oder zerlassene Butter

Nährwert pro Portion:
652 kcal; 9,7 g EW; 44 g Fett; 54 g KH; 4,4 BE; 152 mg Chol.

Zutaten

Zubereitung ca. 2 Stunden

200 ml Milch
2 Pkg. Germ (je 42 g)
800 g glattes Mehl
2 Eier
6 Dotter
6 g Salz
100 g Kristallzucker
2 Pkg. Vanillezucker
Schale von 1 Bio-Zitrone (abgerieben)
6 EL Rum
200 g weiche Butter

Mehl

Krapfenteig Grundrezept

1 Ca. 80 ml Milch erwärmen (lippenwarm). Germ darin auflösen, mit 60 g Mehl zu dickflüssigem Brei (Dampfl) verrühren. Dampfl mit Mehl bestreuen, mit einem Tuch zudecken und an einem warmen Ort (28 bis 30 °C) aufgehen lassen (ca. 30 Minuten – das Volumen vergrößert sich deutlich, die Oberfläche zeigt Risse).

2 Eier, Dotter, Salz, Zucker, Vanillezucker und abgeriebene Zitronenschale schaumig schlagen (Küchenmaschine mit Schneebesen ca. 1 Minute). Restliche Milch und Rum einrühren. Mischung mit übrigem Mehl, Dampfl und Butter zu einem glatten Teig (Knethaken) abschlagen.

3 Teig bemehlen, mit Küchentuch zudecken, bei Zimmertemperatur ca. 1 Stunde rasten lassen; das Volumen muss sich dabei verdoppeln.

Schokokrapfen
aus dem Rohr

1 Für die Fülle Obers aufkochen, Kuvertüre zugeben und unter Rühren langsam schmelzen. Masse für ca. 8 Stunden kühl stellen.

2 Masse aus dem Kühlschrank nehmen und 2 Stunden temperieren lassen. Aus der Masse 20 Kugerln formen und kühl stellen.

3 Backblech dünn mit Butter bestreichen. Teig auf einer bemehlten Arbeitsfläche ca. 1 cm dick ausrollen. 40 Scheiben (Ø ca. 7 cm) ausstechen. 20 Scheiben mit je 1 Schokokugerl belegen, Rand der Teigscheiben mit Eiklar bestreichen.

4 Übrige Teigscheiben darauf setzen und an den Rändern zusammendrücken. Mit der stumpfen Seite eines etwas kleineren Ausstechers die Ränder nochmals zusammendrücken. Krapfen eng nebeneinander auf das Blech legen, mit wenig Mehl bestreuen, mit einem Tuch zudecken und ca. 30 Minuten an einem warmen Ort rasten lassen. Rohr auf 170 °C vorheizen. Krapfen ca. 15 Minuten im Rohr (mittlere Schiene) goldgelb backen, leicht überkühlen lassen und mit Staubzucker bestreuen.

Zutaten

20 Stück, Zubereitung ca. 3 Stunden, zum Kühlen ca. 8 Stunden

Krapfenteig:
siehe Grundrezept
2 Eiklar

Fülle:
100 ml Schlagobers
160 g Kuvertüre BASIC 70 % nobelbitter (klein gehackt)

Butter
Staubzucker

Nährwert pro Stück:
331 kcal; 8 g EW; 15 g Fett; 13 g KH; 3,4 BE; 5 mg Chol.

Zutaten

8 Portionen, Zubereitung ca. 20 Minuten

1 Vanilleschote
2 Dotter
500 ml Milch
20 g Speisestärke
20 g Kristallzucker

Nährwert pro Portion:
77 kcal; 2,9 g EW; 4 g Fett; 8 g KH; 0,6 BE; 68 mg Chol.

Vanillesauce

1 Vanilleschote längs aufschneiden, Mark herauskratzen. Ca. 450 ml von der Milch mit Vanillemark aufkochen.

2 Übrige Milch mit Stärke, Dottern und Zucker glatt rühren, in die kochende Milch gießen und unter Rühren aufkochen.

3 Sauce in eine Schüssel füllen, Saucenoberfläche mit Frischhaltefolie bedecken. Sauce auskühlen lassen; vor dem Anrichten mit einem Schneebesen gut durchrühren. Zusätzlich kann man die Vanillesauce mit Schokoladesauce und Orangenzesten garnieren.

Schokoladeknöderln

1 Für die Fülle Kuvertüre klein hacken. Obers aufkochen und vom Herd nehmen. Kuvertüre zugeben und unter Rühren auflösen. Die Mischung in eine Schüssel gießen und mindestens 2 Stunden kühl stellen, bis die Kuvertüre fest ist.

2 Für den Teig die Vanilleschote längs aufschneiden, Mark herauskratzen. Milch mit Butter, Vanillemark, abgeriebener Zitronenschale und 1 Prise Salz aufkochen, Grieß zugeben und unter Rühren dick einkochen.

3 Masse in eine Schüssel füllen und überkühlen lassen. Eier unterrühren (am besten kräftig mit einem Schneebesen). Brösel untermischen. Teig mit Frischhaltefolie zudecken und ca. 1 Stunde im Kühlschrank rasten lassen.

4 Aus der Schokolademasse 8 Kugeln (je ca. 20 g) formen, auf einen Teller legen und für 10 Minuten in den Tiefkühler stellen.

5 Leicht gesalzenes Wasser zustellen. Teig zu einer Rolle formen und in 8 gleich dicke Scheiben schneiden. Teigscheiben ein wenig flach drücken und mit je einer Schokoladekugel belegen. Schokoladekugeln mit Teig umhüllen und zu glatten Knödeln formen.

6 Knödel ins kochende Wasser legen, mit einem Kochlöffel vorsichtig vom Topfboden lösen. Knödel ca. 5 Minuten kochen, Hitze reduzieren und die Knödel weitere 5 Minuten gar ziehen lassen.

7 Haselnüsse mit Zucker vermischen. Knödel mit einem Siebschöpfer aus dem Kochwasser heben, gut abtropfen lassen und in den Nüssen wälzen. Knödel auf Tellern anrichten, mit Staubzucker bestreuen und mit Vanillesauce servieren.

Zutaten

8 Stück (8 Dessert-Portionen),
Zubereitung ca. 1 Stunde,
zum Kühlen ca. 3 Stunden

Grießteig:
1 Vanilleschote
250 ml Milch
60 g Butter
Schale von 1/2 Bio-Zitrone
90 g feiner Weizengrieß
3 mittlere Eier
120 g Weißbrotbrösel (fein gemahlen)

Fülle:
100 g Kuvertüre BASIC 60 % feinbitter
100 ml Schlagobers

Nussbrösel:
100 g geröstete Haselnüsse (fein gehackt)
2 EL Kristallzucker

Salz, Staubzucker

Nährwert pro Stück:
750 kcal; 20,1 g EW; 24 g Fett; 112 g KH; 9,4 BE; 115 mg Chol.

Zutaten

6 Portionen, Zubereitung ca. 25 Minuten

3 halbe Kompottbirnen
80 ml Wasser
200 g Kristallzucker
150 ml Schlagobers
1 EL Birnenbrand

Nährwert pro Portion:
276 kcal; 0,6 g EW; 9,2 g Fett; 46 g KH; 3,8 BE; 31 mg Chol.

Karamell-Birnensauce

1 Birnen trocken tupfen und in 1–2 cm große Stücke schneiden. Wasser mit Zucker verrühren und bei starker Hitze solange einkochen bis sich die Mischung goldbraun verfärbt, dabei öfter umrühren.

2 Parallel dazu Obers erhitzen und unter Rühren in die goldbraune Zuckermischung gießen. Sauce vom Herd nehmen. Birnenstücke untermischen, die Sauce mit Birnenbrand verfeinern.

Schokoladebonbons
mit Karamell-Birnensauce

1 Obers aufkochen, vom Herd nehmen, Kuvertüre zugeben und unter Rühren schmelzen. Likör einrühren und die Mischung mit einem Stabmixer kurz aufschlagen (homogenisieren). Creme in eine Schüssel füllen, mit Frischhaltefolie zudecken und ca. 5 Stunden kühlen.

2 Aus der Creme 12 Portionen ausstechen, zu Kugeln formen, auf einen Teller legen und ca. 10 Minuten tiefkühlen. Marzipan zu einer Rolle formen und in 12 gleich dicke Scheiben schneiden. Scheiben flach drücken, mit je einer Schokoladekugel belegen, Kugeln mit Marzipan umhüllen und wie Knödel formen.

3 Ein Strudelblatt auf ein feuchtes Tuch legen, mit Butter bestreichen und mit einem zweiten Strudelblatt belegen. Teig mit Butter bestreichen und in 6 Rechtecke schneiden. Jedes Teigstück mit einer Schokolade-Marzipankugel belegen und einrollen. Die Enden der Röllchen zusammendrücken, Röllchen wie Bonbons formen. Restlichen Teig und übrige Fülle ebenso verarbeiten.

4 Ca. 3 Finger hoch Öl erhitzen, Strudelbonbons in mehreren Arbeitsgängen rasch goldgelb backen, mit einem Siebschöpfer herausheben und auf Küchenpapier abtropfen lassen. Bonbons mit Staubzucker bestreuen und mit der Karamell-Birnensauce servieren.

Zutaten
6 Portionen (je 2 Stück), Zubereitung ca. 1 Stunde, zum Kühlen ca. 5 Stunden

1 Pkg. Strudelteig (4 Blätter)
80 g Butter (zerlassen)

Fülle:
100 ml Schlagobers
150 g Kuvertüre BASIC 70 % nobelbitter (klein gehackt)
2 EL Whisky-Kaffeelikör
200 g Rohmarzipan

Öl zum Backen
Staubzucker

Nährwert pro Portion:
512 kcal; 9 g EW; 34 g Fett; 433 g KH; 3,6 BE; 53 mg Chol.

Zutaten

6 Portionen,
Zubereitung ca. 15 Min.

250 g Kompottkirschen
200 ml Rotwein
40 g Kristallzucker
1 Stück Zimtrinde
1 Stück Orangenschale
1 EL Speisestärke

Nährwert pro Portion:
94 kcal; 0,4 g EW; 0 g Fett; 17 g KH; 1,5 BE; 0 mg Chol.

Kirschen in Rotwein

1 Kirschen in einem Sieb gut abtropfen lassen.

2 Wein mit Zucker, Zimt und Orangenschale aufkochen, Hitze reduzieren, Sauce ca. 5 Minuten köcheln.

3 Stärke mit 3 EL kaltem Wasser vermischen und in die Sauce gießen. Sauce unter Rühren aufkochen, durch ein Sieb gießen. Kirschen untermischen und auskühlen lassen.

Maroni-Schokoladestrudel

1 Strudelteig und Kastanienreis auftauen lassen.

2 Semmeln klein würfelig schneiden und mit der Milch vermischen. Kuvertüre klein hacken und über Wasserdampf schmelzen

3 Eier in Dotter und Klar trennen. Butter mit Staubzucker, Vanillezucker, abgeriebener Zitronenschale und etwas Salz gut cremig rühren (Küchenmaschine ca. 5, Handmixer ca. 10 Minuten). Dotter nacheinander einrühren, Masse gut cremig rühren. Kuvertüre, Mandeln, Kastanienreis, Maronistücke sowie die gut verrührten Semmeln in den Butterabtrieb rühren. Eiklar mit Kristallzucker zu cremigem Schnee schlagen und unterheben.

4 Rohr auf 180 °C vorheizen. Backblech mit Backpapier belegen.

5 Ein Strudelblatt auf ein feuchtes Tuch legen, mit Butter bestreichen das zweite Strudelblatt darauf legen und ebenfalls mit Butter bestreichen.

6 Die Fülle am unteren Teigrand entlang auftragen, seitliche Teigränder einschlagen, Teig von unten über die Fülle einrollen.

7 Strudel auf das Backblech legen, mit Butter bestreichen und im Rohr (mittlere Schiene) ca. 35 Minuten goldgelb backen. Strudel aus dem Rohr nehmen, kurz rasten lassen, dann in Stücke schneiden. Strudel mit den Weinkirschen anrichten, mit Staubzucker bestreuen und mit Minzeblättern garnieren.

Zutaten

1 Strudel (6 Portionen), Zubereitung ca. 1 Stunde, plus Zeit zum Auftauen des Teiges

1 TK-Pkg. Strudelteig (100 g; 2 Blatt)
70 g Butter (zerlassen)

Fülle:
2 TK-Pkg. Kastanienreis (à 125 g)
2 Semmeln (vom Vortag)
50 ml Milch
100 g Kuvertüre BASIC 50 % Bergmilch dunkel
3 mittlere Eier
125 g weiche Butter
50 g Staubzucker
1 Pkg. Vanillezucker
Schale von 1 Bio-Zitrone
100 g Mandelblättchen (gerieben)
100 g gebratene Maroni (grob gehackt)
50 g Kristallzucker

Salz, Staubzucker
Minzeblätter

Nährwert pro Portion:
696 kcal; 12,6 g EW; 44 g Fett; 64 g KH; 5,2 BE; 188 mg Chol.

Helles Schoko-Soufflé

1 Milch aufkochen, Kuvertüre zugeben und unter Rühren auflösen. Schokolademilch in eine Schüssel gießen und kalt rühren. Eier in Dotter und Klar trennen.

2 Auflaufförmchen oder Kaffeetassen (Inhalt ca. 200 ml) mit Butter ausstreichen und mit Kristallzucker ausstreuen. Rohr auf 180 °C vorheizen.

3 Zuerst Topfen, dann die Dotter in die Schokolademilch rühren. Eiklar mit Stärke und Kristallzucker zu cremigem Schnee schlagen und behutsam unter die Masse heben.

4 Förmchen in eine hitzebeständige Form (Metallform mit dünnem Boden oder ein Backblech mit hohem Rand) stellen und so viel kochendes Wasser zugießen, dass die Förmchen zur Hälfte im Wasserbad stehen.

5 Soufflés im Rohr (unterste Schiene/Gitterrost) 20 Minuten garen, aus dem Rohr nehmen und mit Staubzucker bestreut sofort servieren.

Zutaten

6 Portionen, Zubereitung ca. 75 Minuten

40 ml Milch
100 g Kuvertüre BASIC 30 % gelb (fein gehackt)
3 mittlere Eier
70 g passierten Topfen (20 % Fett)
15 g Speisestärke
30 g Kristallzucker

Butter, Kristallzucker
Staubzucker

Nährwert pro Portion:
196 kcal; 4 g EW; 12 g Fett; 20 g KH; 1,5 BE; 126 mg Chol.

Schoko-Soufflé

1 Rohr auf 190 °C vorheizen. In eine Metallform mit dünnem Boden ca. 3 cm hoch kochendes Wasser gießen und ins Rohr (untere Schiene/Gitterrost) stellen. Auflaufförmchen (Inhalt 100 ml) mit Butter ausstreichen und mit Zucker ausstreuen.

2 Eier in Dotter und Klar trennen. Milch mit Vanillezucker, 40 g vom Kristallzucker und 1 Prise Salz vermischen. Mehl in der Butter hell anschwitzen. Milch zugießen und die Masse unter Rühren bei schwacher Hitze köcheln, bis sie sich vom Geschirrboden löst. Kuvertüre und Kakao einrühren, Masse in eine Schüssel füllen und kurz abkühlen lassen.

3 Dotter einrühren. Eiklar mit übrigem Zucker zu cremigem Schnee schlagen und unter die Masse heben.

4 Förmchen bis knapp unter den Rand mit der Masse füllen und in die vorbereitete Metallform stellen – die Förmchen sollen halb hoch im Wasserbad stehen. Soufflés ca. 18 Minuten backen. Aus dem Rohr nehmen und sofort servieren.

Variante Nougat-Soufflé: Bevor man die Dotter in die Grundmasse gibt, 100 g Nougat oder 100 g geschmolzene Kuvertüre BASIC Haselnuss-Gianduja einrühren. Die Zuckermenge auf 30 g reduzieren.

Zutaten

6 Portionen, Zubereitung ca. 50 Minuten

4 mittlere Eier
250 ml Milch
1 Pkg. Vanillezucker
80 g Kristallzucker
80 g glattes Mehl
40 g Butter
100 g Kuvertüre BASIC 70 % nobelbitter (geschmolzen)
2 EL Kakao (20 % Fettgehalt)

Salz, Butter, Kristallzucker

Nährwert pro Portion:
322 kcal; 8 g EW; 16 g Fett; 36 g KH; 3 BE; 192 mg Chol.

1 Förmchen mit Butter ausstreichen und mit Kristallzucker ausstreuen.

2 Kuvertüre über Dampf langsam schmelzen.

3 Butter mit Staubzucker, Vanillezucker und 1 Prise Salz schaumig schlagen. Kuvertüre zugeben.

4 Dann die Dotter nach und nach unterrühren.

5 Eiklar mit Kristallzucker zu Schnee schlagen und unter die Schokomasse rühren.

6 Mandelmischung unterheben

7 Masse in die Förmchen füllen.

Mohr im Hemd

1 Rohr auf 180 °C vorheizen. In eine Metallform mit dünnem Boden ca. 3 cm Wasser gießen und ins Rohr (mittlere Schiene/Gitterrost) stellen. Auflaufförmchen (Inhalt ca. 150 ml) mit Butter ausstreichen und mit Kristallzucker ausstreuen.

2 Mandeln mit Stärke und Bröseln mischen. Eier in Dotter und Klar trennen. Kuvertüre in kleine Stücke brechen, über Wasserdampf schmelzen. Butter mit Staubzucker, Vanillezucker und 1 Prise Salz schaumig schlagen. Kuvertüre, dann Dotter langsam unterrühren.

3 Eiklar mit Kristallzucker zu cremigem Schnee schlagen und unter die Masse rühren. Mandelmischung unterheben.

4 Masse in die Förmchen füllen. Förmchen ins Wasserbad stellen, Masse ca. 50 Minuten backen.

5 Für die Schokosauce Vanilleschote längs halbieren, Mark herauskratzen. Milch mit Mark und Schote aufkochen. Schote entfernen. Kuvertüre in der heißen Milch auflösen. Sauce glatt rühren

6 Für die Garnitur Obers cremig aufschlagen. Schokoladesauce erwärmen. Förmchen aus dem Rohr nehmen, Desserts auf Teller stürzen und mit Schokosauce und Obers garniert servieren.

8 Förmchen ins Wasserbad stellen, Masse ca. 50 Minuten backen.

9 Förmchen aus dem Rohr nehmen, Dessert auf Teller stürzen.

10 Mohren mit Schokosauce und Obers garnieren.

Zutaten

8 Portionen, Zubereitung ca. 1 Stunde

60 g geschälte Mandeln (gerieben)
1 EL Speisestärke
30 g Semmelbrösel
6 mittlere Eier
100 g Kuvertüre BASIC 70 % nobelbitter
100 g weiche Butter
30 g Staubzucker
1 Pkg. Vanillezucker
50 g Kristallzucker

Garnitur:
125 ml Schlagobers

Schokosauce:
1 Vanilleschote
250 ml Milch
180 g Kuvertüre BASIC 50 % Bergmilch dunkel (gehackt)

Salz, weiche Butter
Kristallzucker

Nährwert pro Portion:
597 kcal; 14 g EW; 30 g Fett; 41 g KH; 3,5 BE; 212 mg Chol.

Cannelés

1 Kuvertüre grob hacken und in eine Schüssel geben. Vanilleschote längs aufschneiden, Mark herauskratzen. Milch mit Vanilleschote, -mark und Butter aufkochen und über die Kuvertüre gießen. Kuvertüre unter Rühren auflösen. Mischung abkühlen lassen.

2 Rohr auf 180 °C vorheizen. Backblech ins Backrohr schieben (mittlere Schiene). Förmchen (Inhalt ca. 100 ml) mit Butter ausstreichen.

3 Staubzucker mit Mehl versieben. Ei, Dotter und Rum gut verquirlen, zuerst die Mehlmischung, dann die Schokomilch mit einem Schneebesen einrühren. Förmchen bis ca. 1 cm unter den Rand mit der Masse füllen, ins Rohr stellen und ca. 40 Minuten backen.

4 Förmchen aus dem Rohr nehmen und ca. 3 Minuten rasten lassen. Cannelés aus den Förmchen stürzen und noch lauwarm servieren.

Zutaten

7 Stück, Zubereitung ca. 1 Stunde

50 g Kuvertüre BASIC 80 % smartbitter
1/2 Vanilleschote
250 ml Milch
30 g Butter
110 g Staubzucker
40 g glattes Mehl
1 mittleres Ei
1 Dotter
1 EL Rum
Butter

Nährwert pro Stück:
226 kcal; 4,3 g EW; 11 g Fett; 27 g KH; 2,2 BE; 89 mg Chol.

Zutaten

4 Portionen, Zubereitung ca. 20 Minuten

200 g Zwergorangen (Kumquats)
150 ml Orangensaft
1 gestr. EL Speisestärke
2 EL Orangensaft
50 g Kristallzucker

Salz

Nährwert pro Portion:
102 kcal; 0,9 g EW; 0 g Fett; 23 g KH; 1,8 BE; 0 mg Chol.

Zwergorangenkompott

1 Zwergorangen waschen, halbieren und in Salzwasser ca. 5 Minuten kochen. Abseihen, kalt abschrecken und abtropfen lassen.

2 Ca. 2 EL vom Orangensaft mit der Stärke verrühren. Übrigen Saft mit Kristallzucker mischen und aufkochen. Stärkemischung in die Sauce rühren und kurz köcheln. Zwergorangen untermischen. Kompott abkühlen lassen.

Warme Schoko-Zimtaufläufe

1 Rohr auf 180 °C vorheizen. Auflaufförmchen (Inhalt 100 ml) mit Butter ausstreichen und mit Mandeln ausstreuen.

2 Kuvertüre über Wasserdampf schmelzen, Butter zugeben und mit der Kuvertüre verrühren.

3 Eier mit Zucker, abgeriebener Orangenschale, Zimt und Salz gut schaumig rühren. Kakao zugeben und 1 Minute weiter schlagen. Masse unter die Kuvertüre rühren. Mehl behutsam unterziehen.

4 Masse in die Förmchen füllen und im Rohr (mittlere Schiene/Gitterrost) ca. 12 Minuten backen.

5 Obers dickcremig aufschlagen. Aufläufe aus dem Rohr nehmen, kurz rasten lassen, dann aus den Förmchen nehmen und mit Obers garnieren. Mit dem Zwergorangenkompott servieren.

Zutaten

4 Portionen, Zubereitung ca. 25 Minuten

80 g Kuvertüre BASIC 50 % Bergmilch dunkel
80 g weiche Butter
2 mittlere Eier
60 g Staubzucker
Schale von 1 Bio-Orange
2 Prisen Zimt
1 Prise Salz
3 EL heller Kakao (20 % Fettgehalt)
40 g glattes Mehl

Garnitur:
100 ml Schlagobers

Butter, geriebene Mandeln

Nährwert pro Portion:
609 kcal; 11,2 g EW; 44 g Fett; 43 g KH; 3,5 BE; 201 mg Chol.

Schokolade für Kids

Die meisten der Rezepte können wirklich von Kindern oder zumindest mit ihrer aktiven Beteiligung zubereitet werden. Und was gibt es Schöneres, als wenn die lieben Kleinen während der Zubereitung auf geschmackliche Entdeckungsreise gehen und ihre Finger in die eine oder andere Schüssel stecken. Freuen Sie sich mit Ihren kleinen und großen Lieblingen auf einfache Schokobären mit Kirschen, gelbe Müsliberge, Schokoherzen, bunte Schokotaler oder Schoko-Mandelberge.

Schokobären

1 Rohr auf 180 °C vorheizen. Backform mit 6 Ausnehmungen (Inhalt je 200 ml) mit Butter ausstreichen und mit Mehl ausstreuen.

2 Butter mit Zucker, Vanillezucker und 1 Prise Salz schaumig rühren. Eier nach und nach einrühren, Masse schaumig schlagen (Küchenmaschine ca. 8 Minuten/Handmixer 15 Minuten) – sie muss hellgelb und sehr luftig sein.

3 Inzwischen Kuvertüre grob hacken und über Wasserdampf schmelzen. Kuvertüre in die Masse rühren, Mehl unterheben. Masse in den Förmchen verteilen und im Rohr (mittlere Schiene/Gitterrost) ca. 40 Minuten backen.

4 Kuchen aus dem Rohr nehmen, einige Minuten rasten lassen, aus den Formen stürzen und auskühlen lassen. Schokobären mit Staubzucker bestreuen und mit den Saucen servieren.

Kirschensauce

Stärke mit 5 EL Kirschensaft glatt rühren, restlichen Saft und Vanillezucker zugeben und verrühren. Saft köcheln, bis er eindickt. Kirschen behutsam untermischen, Sauce vom Herd nehmen und auskühlen lassen.

Schokosauce

Kuvertüre in kleine Stücke brechen, mit 125 ml Wasser und Kristallzucker aufkochen, Kuvertüre zugeben und unter Rühren zu einer cremigen Sauce einkochen.

Zutaten

6 Stück, Zubereitung ca. 90 Minuten

4 mittlere Eier
125 g Kuvertüre BASIC 50 % Bergmilch dunkel
125 g weiche Butter
150 g Staubzucker
1 Pkg. Vanillezucker
125 g glattes Mehl

Salz, Staubzucker
Butter, Mehl

Nährwert pro Stück:
482 kcal; 9 g EW; 24 g Fett; 58 g KH; 4,8 BE; 195 mg Chol.

Kirschensauce
6 Portionen, Zubereitung ca. 20 Min.
400 g Kompottkirschen
375 ml Kirschensaft
2 gestr. EL Speisestärke
1 Pkg. Vanillezucker

Nährwert pro Portion:
77 kcal; 0,5 g EW; 0 g Fett; 17 g KH; 1,5 BE; 0 mg Chol.

Schokosauce
6 Portionen, Zubereitung ca. 15 Min.
125 g Kuvertüre BASIC 50 % Bergmilch dunkel
125 g Kristallzucker

Nährwert pro Portion:
166 kcal; 2,3 g EW; 4 g Fett; 30 g KH; 2,6 BE; 0 mg Chol.

Mini-Röllchen
mit Schokomousse

1 Gelatine in kaltem Wasser einweichen. Kuvertüre über Wasserdampf schmelzen. Ei und Dotter über Wasserdampf schaumig schlagen, zerlassene Kuvertüre unterziehen. Gelatine ausdrücken und in der warmen Masse auflösen. Masse abkühlen lassen.

2 Schlagobers aufschlagen und unterheben. Mousse zum Festwerden ca. 2 Stunden kalt stellen.

3 Inzwischen Blätterteig backfertig vorbereiten (evtl. auftauen lassen). Rohr auf 200 °C vorheizen.

4 Blätterteig auf einer leicht bemehlten Arbeitsfläche auflegen und in ca. 1,5 cm breite Streifen schneiden. Röllchenformen (erhält man im Geschirrfachhandel) dünn mit Öl bestreichen. Teigstreifen, am dünnen Ende beginnend, überlappend auf die Formen wickeln.

5 Röllchen auf ein Backblech legen, mit Ei bestreichen und im Rohr ca. 10 Minuten backen. Röllchen aus dem Rohr nehmen, auskühlen lassen und die Formen entfernen.

6 Mousse in einen Dressiersack füllen und die Blätterteigröllchen damit füllen. Röllchen mit Staubzucker bestreut servieren.

Zutaten
20 Röllchen, Zubereitung ca. 2 Stunden

300 g Blätterteig (Fertigprodukt)

Fülle:
150 g Kuvertüre BASIC 30 % gelb
1 mittleres Ei
1 Dotter
2 Blatt Gelatine
125 ml Schlagobers

Staubzucker, Mehl, Öl, Ei (verquirlt)

Nährwert pro Röllchen:
130 kcal; 2,3 g EW; 8,5 g Fett; 11,5 g KH; 1 BE; 40 mg Chol.

Zutaten

Schokofrüchte:
ca. 40 Stück
1 Mango
1/2 Hawaii-Ananas
2 Kiwis
250 g Kuvertüre BASIC 40 % Bergmilch hell (geschmolzen)

Nährwert pro Stück:
33 kcal; 0,8 g EW; 1 g Fett; 5 g KH; 0,4 BE; 0 mg Chol.

Schokofrüchte

Mango schälen, das Fruchtfleisch in 2 großen Stücken vom Kern schneiden. Mango in 1 cm dicke Streifen schneiden. Ananas schälen, der Länge nach halbieren und den Strunk ausschneiden. Kiwis schälen. Ananas und Kiwis in 1 cm dicke Scheiben schneiden. Fruchtstücke zur Hälfte in die Kuvertüre tauchen, kurz abtropfen lassen und auf eine mit Backpapier belegte Platte legen. Früchte zum Festwerden der Kuvertüre ca. 2 Stunden kühl stellen.

Süße Köstlichkeiten

Gelbe Müsliberge

Kuvertüre und die Müslimischung verrühren. Mit einem Löffel Häufchen auf eine mit Backpapier belegte Platte setzen. Müsliberge zum Festwerden ca. 2 Stunden kühlen.

Schokoherzen

Die Kekse in einem elektrischen Zerkleinerer fein hacken und mit der Kuvertüre vermischen. Einen Herzausstecher auf eine mit Backpapier belegte Platte legen, ca. 1,5 cm hoch Keksmasse einfüllen. Ausstecher abheben. Genauso aus der übrigen Masse Herzen zubereiten. Herzen zum Festwerden ca. 2 Stunden kühlen.

Bunte Schokotaler

Kuvertüre mit den Schokodragees vermischen. Einen runden Ausstecher auf eine mit Backpapier belegte Platte legen und so viel Masse einfüllen, dass der Boden gut bedeckt ist. Ausstecher abheben. Genauso aus der übrigen Masse Taler zubereiten. Taler zum Festwerden ca. 2 Stunden kühlen.

Schoko-Mandelberge

Kuvertüre mit den Mandelstiften vermischen. Mit einem Löffel kleine Häufchen auf eine mit Backpapier belegte Platte setzen. Mandelberge zum Festwerden ca. 2 Stunden kühlen.

Zutaten

Gelbe Müsliberge:
ca. 15 Stück
150 g Kuvertüre BASIC 30 % gelb (geschmolzen)
250 g Müslimischung

Nährwert pro Stück:
111 kcal; 2,2 g EW; 4 g Fett; 16 g KH; 1,4 BE; 2 mg Chol.

Schokoherzen:
ca. 10 Stück
125 g Kuvertüre BASIC 60 % feinbitter (geschmolzen)
200 g Butterkekse

Nährwert pro Stück:
143 kcal; 3,3 g EW; 6 g Fett; 18 g KH; 1,5 BE; 12 mg Chol.

Bunte Schokotaler:
ca. 8 Stück
125 g Kuvertüre BASIC 30 % gelb (geschmolzen)
200 g bunte Schokodragees

Nährwert pro Stück:
178 kcal; 1,8 g EW; 6 g Fett; 29 g KH; 2,4 BE; 3 mg Chol.

Schoko-Mandelberge:
ca. 15 Stück
150 g Kuvertüre BASIC 40 % Bergmilch hell (geschmolzen)
250 g geröstete Mandelstifte

Nährwert pro Stück:
137 kcal; 4,5 g EW; 11 g Fett; 6 g KH; 0,5 BE; 0 mg Chol.

Gebackene Mäuse
gefüllt mit Polenta-Schokolade

1 Milch lippenwarm (ca. 30 Grad) erwärmen und die Germ darin auflösen. Dotter mit einer kleinen Prise Salz, Vanillezucker, Staubzucker und abgeriebener Zitronenschale schaumig rühren.

2 Mehl zugeben und die Masse mit einem Kochlöffel gut abschlagen. Butter zugeben und die Masse nochmals abschlagen. Teig mit einem Tuch zudecken und bei Zimmertemperatur ca. 1 Stunde rasten lassen; er sollte sein Volumen verdoppeln.

3 Ca. 3 Finger hoch Öl auf ca. 170 °C erhitzen. Schokolade in 28 gleich große Stücke schneiden. Einen Esslöffel in das heiße Öl tauchen. Mit dem Löffel aus dem Teig Nockerln ausstechen. Jedes Nockerl mit einem Stück Schokolade füllen, dabei darauf achten, dass die Schokolade gut mit Teig umhüllt ist.

4 Nockerln im heißen Öl goldgelb backen, mit einem Gitterlöffel herausheben und auf Küchenpapier gut abtropfen lassen. Gebackene Mäuse anrichten und mit Staubzucker bestreut servieren

Varianten: Probieren Sie für die Fülle auch andere Zotter-Schokoladen. Zum Beispiel Himbeer und Kokos oder Erdbeer in & out.

Zutaten

4 Portionen (je 7 Stück), Zubereitung ca. 40 Minuten, zum Teigrasten 1 Stunde

Teig:
200 ml Milch
15 g Germ
3 Dotter
1 Pkg. Vanillezucker
20 g Staubzucker
Schale von 1 Bio-Zitrone
290 g glattes Mehl
50 g weiche Butter

Fülle:
1 Tafel ZOTTER Schokolade Zitrone + Polenta

Salz, Öl zum Backen
Staubzucker

Nährwert pro Portion:
662 kcal; 12,1 g EW; 29 g Fett; 79 g KH; 6,5 BE; 216 mg Chol.

Schokohase
im Glas

1 Obers aufkochen, Kuvertüre darin auflösen. Beiseite stellen und ca. 10 Minuten ziehen lassen. Creme mit dem Stabmixer kurz pürieren (homogenisieren), zudecken und für ca. 12 Stunden kühl stellen.

2 Creme wie Schlagobers auf niedriger Stufe kurz aufschlagen, in Gläser füllen und für 1 Stunde kühl stellen.

3 Rohr auf 180 °C vorheizen. Backblech mit Backpapier belegen. Aus dem Blätterteig einen Streifen (ca. 15 x 10 cm) schneiden, mit Zucker bestreuen, der Breite nach falten und in 5 mm breite Streifen schneiden (über den Bug). Je 2 Streifen auf das Blech legen, Ende zusammendrücken. Im Rohr (mittlere Schiene) ca. 10 Minuten backen. Creme mit den Ohren garnieren.

Zutaten
4 Portionen, Zubereitung ca. 30 Minuten, zum Kühlen ca. 13 Stunden

500 ml Schlagobers
200 g Kuvertüre BASIC 50 % Bergmilch dunkel
100 g Blätterteig (ausgerollt)
50 g Kristallzucker

Nährwert pro Portion:
494 kcal; 6 g EW; 24 g Fett; 45 g KH; 4 BE; 85 mg Chol.

Milch-Schokodrink
mit Mandel-Cookies

1 Ca. 250 ml von der Milch mit Puddingpulver und Salz gut verrühren. Übrige Milch mit Obers aufkochen, Puddingmischung einrühren und aufkochen. Hitze reduzieren, Mischung kurz köcheln und vom Herd nehmen.

2 Kuvertüren in der heißen Mischung auflösen. Drink glatt rühren, in Gläser füllen und servieren.

Mandelkekse

1 Rohr auf 180 °C vorheizen. Backblech mit Backpapier belegen. Mandeln mit Zucker und Saft gut vermischen, auf dem Blech verteilen und im Rohr (mittlere Schiene) goldbraun rösten (dauert ca. 10 Minuten). Aus dem Rohr nehmen und auskühlen lassen.

2 Kuvertüre zerkleinern, über Wasserdampf schmelzen, Mandeln untermischen. Brettchen oder Tablett (muss in den Kühlschrank passen) mit Backpapier belegen. Masse als kleine Häufchen darauf setzen und zum Festwerden für ca. 30 Minuten kühl stellen.

Zutaten
6 Gläser, Zubereitung ca. 30 Minuten

950 ml Milch
30 g Vanillepudding-Pulver
1 Prise Salz
250 ml Obers
150 g Kuvertüre BASIC Kokosnuss (klein gehackt)
50 g Kuvertüre BASIC 70% nobelbitter (klein gehackt)

Nährwert pro Glas:
340 kcal; 8 g EW; 20 g Fett; 33 g KH; 2,8 BE; 24 mg Chol.

Mandelkekse:
12 Stück, Zubereitung ca. 30 Minuten, zum Kühlen ca. 30 Minuten

100 g Mandelstifte
20 g Staubzucker
2 EL Orangensaft
100 g Kuvertüre BASIC 40 % Bergmilch hell

Nährwert pro Stück:
104 kcal; 2,3 g EW; 7 g Fett; 7 g KH; 0,6 BE; 1 mg Chol.

Schoko-Cookies

1 Rohr auf 170 °C vorheizen. Backblech mit Backpapier belegen. Nüsse grob, Kuvertüre fein hacken. Nüsse in einer trockenen Pfanne ca. 1 Minute rösten, auf einen Teller leeren und auskühlen lassen. Mehl mit Natron versieben, Nüsse und Kuvertüre untermischen.

2 Vanilleschote längs aufschneiden, Mark herauskratzen. Butter, Braunzucker, Orangensaft, Salz und Vanillemark gut schaumig schlagen (Küchenmaschine ca. 5, Handmixer ca. 10 Minuten). Ei einrühren. Mehlmischung unterheben, Wasser und Zucker einrühren.

3 Aus der Masse nussgroße Stücke abstechen, auf das Blech legen und flach drücken. Cookies im Rohr (mittlere Schiene) 10–12 Minuten backen, aus dem Rohr nehmen und auskühlen lassen.

Zutaten

ca. 35 Stück, Zubereitung ca. 45 Minuten

70 g Walnüsse
200 g Kuvertüre BASIC 60 % feinbitter
140 g glattes Mehl
1 Moccalöffel Natron
1 Vanilleschote
90 g weiche Butter
120 g Braunzucker
1 TL Orangensaft
1 Prise Salz
1 mittleres Ei (verschlagen)
1 TL Wasser
60 g Kristallzucker

Nährwert pro Stück:
92 kcal; 2 g EW; 5 g Fett; 11 g KH; 0,9 BE; 13 mg Chol.

Mousses und Cremen

Sie gehören zu jenen Desserts, die sich durch eine besonders zarte, lockere und leichte Konsistenz auszeichnen und den Gaumen betörend umschmeicheln. Für die Zubereitung dieser Köstlichkeiten wird eine delikate Auswahl edelster Schokoladesorten verwendet. Neben einem klassischen Schokomousse und einer Bayrischen Schokoladecreme erwarten Sie auch Rezepte, in denen Schokolade mit einer Vielzahl von teils ungewöhnlichen oder weniger bekannten Zutaten und Aromen genussvoll kombiniert wird. Was halten Sie zum Beispiel von »Rote Rüben Panna Cotta mit weißer Schokolade« – klingt doch durchaus interessant, oder?

Nougatmousse
mit Schokosauce und Banane

1 Eine Banane schälen, in Scheiben schneiden und in den Gläsern (Inhalt ca. 250 ml) verteilen.

2 Für die Sauce Kuvertüre über Wasserdampf schmelzen. Obers in die Kuvertüre rühren; sollte die Sauce zu fest sein, über Dampf ein wenig erwärmen. Drei Viertel der Sauce in die Gläser gießen, übrige Sauce für die Garnitur beiseite stellen. Gläser für ca. 1 Stunde kühl stellen.

3 Für die Mousse Gianduja über Wasserdampf schmelzen. Dotter und Ei sehr schaumig schlagen, Gianduja einrühren. Abgeriebene Orangenschale und Orangenlikör einrühren. Mousse abkühlen lassen.

4 Obers steif schlagen, die Hälfte davon in die Mousse rühren, übriges Obers unterheben. Die Mousse in die Gläser füllen und für ca. 3 Stunden kühl stellen.

5 Für die Garnitur Kuvertüre über Wasserdampf schmelzen. Biskotten in die Schokolade tauchen, abtropfen und auf Backpapier trocknen lassen.

6 Übrige Banane schälen und in Scheiben schneiden. Übrige Sauce erwärmen. Cremen mit Sauce, Bananenscheiben, Erdkirschen und Biskotten garnieren.

Zutaten

6 Portionen, Zubereitung ca. 45 Minuten, zum Kühlen ca. 4 Stunden

250 g BASIC Haselnuss-Gianduja
3 Dotter
1 Ei
Schale von 1 Bio-Orange
3 EL Orangenlikör
350 ml Schlagobers

Schokosauce:
100 g Kuvertüre BASIC 60 % feinbitter (klein geschnitten)
130 ml Schlagobers

Garnitur:
2 Bananen
50 g Kuvertüre BASIC 60 % feinbitter (klein geschnitten)
6 Biskotten
6 Erdkirschen

Nährwert pro Portion:
646 kcal; 10 g EW; 39 g Fett; 58 g KH; 4,5 BE; 236 mg Chol.

Gelbes Schokomousse

1 Obers dickcremig schlagen und kühl stellen. Kuvertüre über Wasserdampf langsam schmelzen, vom Dampf nehmen und lippenwarm abkühlen lassen. Gelatine in kaltem Wasser einweichen.

2 Ei, Dotter und 1 kleine Prise Salz über Wasserdampf dickcremig aufschlagen – die Masse muss deutlich an Volumen zunehmen. Masse vom Dampf nehmen. Ausgedrückte Gelatine, Likör, 3 EL vom Obers und Kuvertüre unterrühren. Masse abkühlen, aber nicht fest werden lassen. Übriges Obers unterheben.

3 Mousse in eine Schüssel füllen, mit Frischhaltefolie zudecken und zum Festwerden für ca. 3 Stunden kühl stellen.

4 Aus der Mousse Nockerln ausstechen und mit den eingemachten Weichseln anrichten.

Eingemachte Weichseln

1 Weichseln in einem Sieb abtropfen lassen, Saft auffangen (sollte ca. 370 ml sein; evtl. mit Wasser ergänzen). Saft aufkochen, Stärke mit 2 EL Wasser mischen, in den Saft rühren und ca. 30 Sekunden köcheln.

2 Zucker, Zimt und Kirschen untermischen, vom Herd nehmen und auskühlen lassen.

Zutaten

4 Portionen, Zubereitung ca. 25 Minuten, zum Festwerden ca. 3 Stunden

500 ml Schlagobers
250 g Kuvertüre BASIC 30 % gelb (fein gehackt)
3 Blatt Gelatine
1 mittleres Ei
1 Dotter
2 EL Orangenlikör

Salz

Nährwert pro Portion:
758 kcal; 10 g EW; 60 g Fett; 45 g KH; 3,8 BE; 244 mg Chol.

Eingemachte Weichseln
4 Portionen, Zubereitung ca. 20 Minuten

400 g Weichselkompott
1 gestr. EL Speisestärke
1/2 Pkg. Vanillezucker
1 MS Zimt
2 EL Wasser

Bayrische Schokoladecreme

1 Gläser (ca. 300 ml) vorbereiten. Gelatine in kaltem Wasser einweichen. Vanilleschote längs aufschneiden, Mark herauskratzen. Milch mit Vanillemark und -schote aufkochen. Schote entfernen.

2 Dotter mit Zucker über Wasserdampf ca. 2 Minuten gut cremig rühren. Heiße Vanillemilch unter Rühren in die Dottermischung gießen und über Dampf weiter rühren, bis die Masse dickcremig ist. Gehackte Kuvertüre zugeben und in der Masse auflösen.

4 Gelatine gut ausdrücken und in der heißen Masse unter Rühren auflösen. Creme in kaltem Wasserbad kalt rühren. Obers cremig schlagen und mit der geriebenen Kuvertüre unterheben. Creme in Gläser füllen, zum Festwerden ca. 6 Stunden kühlen.

5 Cremen mit Schlagobers und Kuvertürespänen garnieren.

1 Gelatine gut ausdrücken und in der heißen Masse unter Rühren auflösen.

2 Zerkleinerte Kuvertüre nach und nach zugeben und in der Masse auflösen.

3 Creme in ein kaltes Wasserbad stellen, kalt rühren (sie darf aber nicht fest werden).

4 Abgekühlte Creme und geriebene Kuvertüre unter das geschlagene Obers heben.

5 Creme in einen Dressiersack füllen und in die Gläser dressieren.

6 Creme mit Obers und Kuvertürespänen garnieren.

Zutaten

4 Portionen, Zubereitung ca. 40 Minuten, zum Kühlen 6 Stunden

Creme:
2 Blatt Gelatine
1/2 Vanilleschote
200 ml Milch
3 Dotter
60 g Kristallzucker
60 g Kuvertüre BASIC 80 % smartbitter (grob gehackt)
200 ml Schlagobers
2 EL Kuvertüre BASIC 40 % Bergmilch hell (fein gerieben)

Garnitur:
80 ml Schlagobers
3 EL Kuvertürespäne BASIC 40 % Bergmilch hell

Nährwert pro Portion:
508 kcal; 9 g EW; 36 g Fett; 38 g KH; 3 BE; 274 mg Chol.

Kürbiskernkrokant-Schokoladecreme

1 Für den Krokant ein Stück Backpapier vorbereiten. Zucker in einer Pfanne bei schwacher Hitze unter Rühren goldgelb schmelzen. Kürbiskerne einrühren und die Masse auf das Backpapier gießen. Krokant auskühlen lassen.

2 Ca. 2 EL vom Kürbiskrokant für die Garnitur reservieren. Übrigen Krokant klein hacken.

3 Gläser (Inhalt je ca. 150 ml) vorbereiten. Gelatine in kaltem Wasser einweichen. Kuvertüre in kleine Stücke brechen, mit der Milch verrühren und über Wasserdampf schmelzen. Kuvertüre vom Dampf nehmen, Gelatine ausdrücken und in der Kuvertüre auflösen.

4 In einem Schneekessel Ei mit Zucker über Wasserdampf schaumig schlagen. Eischaum vom Dampf nehmen und unter die Kuvertüre rühren. Masse unter Rühren (Kessel in kaltes Wasser stellen) auf Zimmertemperatur abkühlen lassen.

5 Kürbiskrokant unterheben. Obers schlagen und unterheben. Creme in die Gläser füllen und zum Festwerden ca. 4 Stunden kühlen. Cremen mit Kürbiskrokant garniert servieren.

Zutaten

5 Portionen, Zubereitung ca. 45 Minuten, zum Kühlen mindestens 4 Stunden

Creme:
2 Blatt Gelatine
150 g Kuvertüre BASIC 30 % gelb
80 ml Milch
1 mittleres Ei
20 g Kristallzucker
250 ml Schlagobers

Kürbiskernkrokant:
50 g Kristallzucker
70 g Kürbiskerne

Nährwert pro Portion:
464 kcal; 10,2 g EW; 30,4 g Fett; 37,6 g KH; 3 BE; 112 mg Chol.

Schokoladecreme
mit Kardamom-Orangen

1 Für die Creme Kuvertüre grob hacken. Schlagobers und Kristallzucker aufkochen, vom Herd nehmen. Kuvertüre einrühren und zergehen lassen. Kuvertüre mit dem Stabmixer kurz pürieren (homogenisieren), mit Frischhaltefolie zudecken und über Nacht kühl stellen.

2 Für die Kardamom-Orangen Orangen filetieren: Schale mit dem Messer bis zum Fruchtfleisch abschälen, die Spalten zwischen den Trennhäuten herausschneiden. Rückstand auspressen, Saft aufheben.

3 Gelierzucker in einer Pfanne langsam schmelzen, Orangensaft zugießen, Kardamom einrühren und kurz köcheln lassen (Kardamomkapseln entfernen). Orangenfilets behutsam untermischen und beiseite stellen.

4 Creme am nächsten Tag wie Schlagobers cremig aufschlagen. Abwechselnd Creme und Kardamom-Orangen in Gläser schichten und mit Kuvertürespänen garnieren.

Zutaten

6 Portionen, Zubereitung ca. 40 Minuten, zum Kühlen der Creme mindestens 12 Stunden

Creme:
170 g Kuvertüre BASIC 70 % nobelbitter
500 ml Schlagobers
40 g Kristallzucker

Kardamom-Orangen:
3 Orangen
50 g Gelierzucker
3 Kardamomkapseln (oder 3 MS Kardamompulver)

Garnitur:
100 g Kuvertüre BASIC 40 % Bergmilch hell

Nährwert pro Portion:
540 kcal; 6 g EW; 37 g Fett; 42 g KH; 3,6 BE; 158 mg Chol.

Schokoladetörtchen

1 Förmchen (Inhalt 150 ml) vorbereiten. Kuvertüre über Wasserdampf schmelzen. Gelatine in kaltem Wasser einweichen. 3 EL vom Obers erwärmen, Gelatine gut ausdrücken und darin auflösen. Kuvertüre vom Dampf nehmen, Obersmischung einrühren.

2 Übriges Obers aufschlagen. Eiklar mit Zucker zu Schnee schlagen. Obers und Schnee abwechselnd unter die lauwarme Masse heben. Masse in die Förmchen füllen und für 2 Stunden kühl stellen.

3 Törtchen aus den Förmchen stürzen, mit Kakao und Kuvertürespänen bestreuen und mit dem Beerenröster servieren.

Heidelbeerröster

Zucker in Butter bei schwacher Hitze schmelzen. Vanillemark und Beeren zugeben und 1 Minute anschwitzen. Wein zugießen, Beeren 2 Minuten köcheln, dabei öfter umrühren. Lauwarm servieren.

Zutaten

4 Portionen, Zubereitung ca. 45 Minuten, zum Kühlen ca. 2 Stunden

150 g Kuvertüre BASIC 30 % gelb (klein gehackt)
1 Blatt Gelatine
200 ml Schlagobers
2 Eiklar
20 g Feinkristallzucker

Garnitur:
3 EL Kakao (20 % Fettgehalt)
2 EL Kuvertürespäne BASIC 30 % gelb

Nährwert pro Portion:
322 kcal; 7 g EW; 19 g Fett; 31 g KH; 2,5 BE; 45 mg Chol.

Heidelbeerröster
4 Portionen, Zubereitung ca. 15 Minuten

20 g Kristallzucker
1 TL Butter
Mark einer halben Vanilleschote
200 g Heidelbeeren
1 EL Weißwein

Nährwert pro Portion:
56 kcal; 4 g EW; 1 g Fett; 9 g KH; 0,6 BE; 3 mg Chol.

Rote Rüben Panna Cotta

1 Rote Rüben waschen und in Wasser weich kochen. Rote Rüben schälen und klein schneiden.

2 Gelatine in kaltem Wasser einweichen. Schlagobers, Milch und Staubzucker aufkochen, Rote Rüben und Kuvertüre zugeben und 2 Minuten köcheln. Mischung mit einem Stabmixer fein pürieren und durch ein Sieb passieren. Gelatine ausdrücken und in der warmen Creme auflösen.

3 Förmchen (Inhalt ca. 170 ml) mit kaltem Wasser ausspülen. Creme in die Förmchen füllen, mit Frischhaltefolie zudecken und ca. 6 Stunden kühlen.

4 Für die Chips Rote Rübe waschen, schälen und dünne Scheiben schneiden. Kristallzucker mit Wasser und Zitronensaft aufkochen. Rote-Rübenscheiben darin ca. 10 Minuten köcheln, herausnehmen und auf Küchenpapier abtropfen lassen.

5 Rohr auf 80°C vorheizen. Backpapier mit Öl bestreichen, Rüben darauf verteilen und im Rohr 6 Stunden trocknen lassen. Panna Cotta stürzen und mit den Scheiben garnieren.

Zutaten

5 Portionen, Zubereitung ca. 90 Minuten, zum Kühlen der Creme und Trocknen der Rübenchips ca. 6 Stunden

Rote Rüben Panna Cotta:
100 g Rote Rüben
6 Blatt Gelatine
400 ml Schlagobers
100 ml Milch
20 g Staubzucker
200 g Kuvertüre BASIC 30 % gelb (gehackt)

Chips:
1 kl. Rote Rübe
250 g Kristallzucker
125 ml Wasser
Saft von 1/2 Zitrone
Öl

Nährwert pro Portion:
549 kcal; 6,7 g EW; 54 g Fett; 34 g KH; 2,7 BE; 139 mg Chol.

1 Kristallzucker mit Wasser und Zitronensaft aufkochen. Rübenscheiben darin bei schwacher Hitze ca. 10 Minuten köcheln.

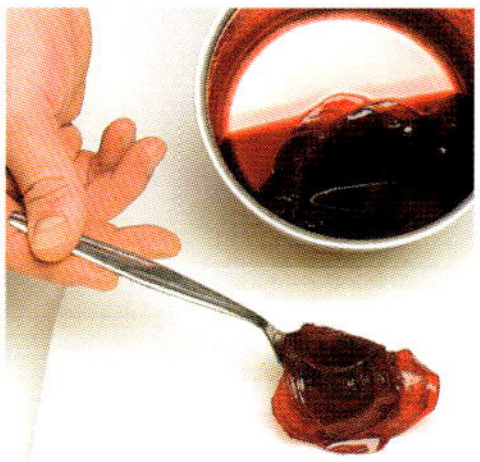

2 Rübenscheiben herausnehmen und auf Küchenpapier abtropfen lassen.

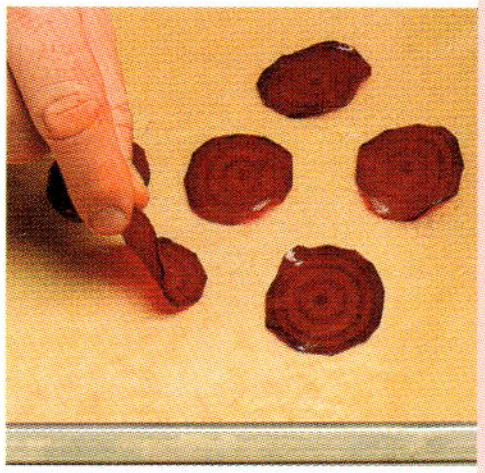

3 Rohr auf 80 °C vorheizen. Ein Stück Backpapier dünn mit Öl bestreichen, Scheiben darauf verteilen, im Rohr ca. 6 Stunden trocknen lassen.

Zutaten

12 Stück, Zubereitung ca. 90 Minuten

1 Eiklar
30 g Kristallzucker
1 TL Mohn (ungerieben)

Nährwert pro Stück:
40 kcal; 1 g EW; 1 g Fett; 8 g KH; 0,6 BE; 0 mg Chol.

Mohn-Baiserstangerln

1 Rohr auf 80 °C vorheizen. Backblech mit Backpapier belegen.

2 Eiklar cremig aufschlagen, Zucker langsam einrieseln lassen, Schnee steif ausschlagen.

3 Schnee in einen Dressiersack mit glatter Tülle (Ø ca. 3 mm) füllen und schlangenförmig auf das Backblech dressieren. Stangerln mit Mohn bestreuen und im Rohr (mittlere Schiene) ca. 1 Stunde trocknen lassen.

Marillen-
Schokoladetörtchen

1 Förmchen (Inhalt 150 ml) mit kaltem Wasser ausspülen und kalt stellen.

2 Die gesamte Obersmenge (350 ml) cremig schlagen und kalt stellen. Gelatineblätter für beide Cremen getrennt in kaltem Wasser einweichen.

3 Marillen entkernen und in kleine Stücke schneiden. Fruchtstücke mit Zucker verrühren und erhitzen, mit einem Stabmixer fein pürieren und durch ein Sieb passieren. Ca. 100 g von der Fruchtmasse für die Garnitur beiseite stellen. Die 3 Gelatineblätter ausdrücken und in der warmen Marillenmasse auflösen.

4 Kuvertüre in kleine Stücke brechen und über Wasserdampf schmelzen. Kuvertüre vom Dampf nehmen. Ei in einem Kessel über Dampf dickcremig aufschlagen. Eimasse vom Dampf nehmen, zuerst Likör, dann geschmolzene Kuvertüre einrühren.

5 Restliche Gelatineblätter ausdrücken und in der warmen Masse auflösen. Die Cremen in ein kaltes Wasserbad stellen und mit einem Schneebesen weiter rühren, bis sie abgekühlt sind.

6 Ca. 200 g vom Obers unter die Schokocreme, übriges Obers unter die Marillencreme heben. Schokocreme in einen Dressiersack mit glatter Tülle (Ø 1 cm) füllen.

7 Förmchen halbhoch mit Marillencreme füllen. Dressiersack-Tülle ca. 1 cm tief in die Marillencreme tauchen und die Schokocreme hineindrücken – die Schokocreme verdrängt die Marillencreme und drückt sie in die Höhe, man sieht nur mehr die Marillencreme. Förmchen mit Frischhaltefolie zudecken, 4 Stunden kühlen.

8 Zum Anrichten Förmchen kurz in heißes Wasser tauchen, Törtchen auf Teller stürzen und mit der reservierten Marillensauce und Mohn-Baiserstangerln garnieren.

Zutaten

6 Portionen, Zubereitung ca. 75 Minuten, zum Kühlen ca. 4 Stunden

Schokoladecreme:
200 ml Schlagobers
3 Blatt Gelatine
100 g Kuvertüre BASIC 40 % Bergmilch hell
1 mittleres Ei
2 EL Mandellikör

Marillencreme:
150 ml Schlagobers
3 Blatt Gelatine
300 g Marillen
70 g Kristallzucker

Nährwert pro Portion:
394 kcal; 4,5 g EW; 29 g Fett; 27 g KH; 2,2 BE; 115 mg Chol.

Schokotürmchen
mit Mango und Powidl

1 Rohr auf 170 °C vorheizen. Backblech mit Backpapier belegen.

2 Eier in Dotter und Klar trennen. Butter, Kuvertüre und Staubzucker schaumig rühren. Dotter nach und nach zugeben. Eiklar und Kristallzucker zu cremigem Schnee schlagen und unterheben. Mehl unterheben. Masse auf das Backpapier streichen, mit den Mandelblättchen bestreuen und im Rohr (mittlere Schiene) ca. 15 Minuten backen.

3 Masse aus dem Rohr nehmen und auskühlen lassen. Ca. 6 cm große Scheiben ausstechen.

4 Für die Creme Gelatine in kaltem Wasser einweichen. 1 EL Powidl mit 3 EL Wasser erhitzen, ausgedrückte Gelatine darin auflösen. Rasch mit dem restlichen Powidl und dem Sauerrahm verrühren. Obers schlagen und unterheben. Creme ca. 3 Stunden kühlen.

5 Mango schälen, Fruchtfleisch vom Kern und in dünne Scheiben schneiden. Creme in einen Dressiersack mit glatter Tülle füllen. Pro Türmchen zwei Schokoscheiben zuerst mit Mango belegen, Creme darauf dressieren, übereinandersetzen und mit einer dritten Schokoscheibe bedecken. Sofort servieren.

Zutaten
6 Portionen, Zubereitung ca. 45 Minuten, zum Kühlen der Creme ca. 3 Stunden

Schokoladeboden:
6 mittlere Eier
100 g weiche Butter
60 g Kuvertüre BASIC 70 % nobelbitter (geschmolzen)
50 g Staubzucker
120 g Kristallzucker
70 g glattes Mehl (gesiebt)
2 EL Mandelblättchen

Creme:
2 Blatt Gelatine
150 g Powidl
50 g Sauerrahm
125 ml Schlagobers
1 Mango

Nährwert pro Portion:
599 kcal; 10,9 g EW; 34 g Fett; 63 g KH; 5,2 BE; 311 mg Chol.

Eisiger Genuss

Wenn es um Desserts geht, dürfen sie natürlich keinesfalls fehlen. Die Rede ist von den köstlichen Parfaits, auch »Halbgefrorenes« genannt. Auch in dieser Form lässt sich Schokolade vielseitig und äußerst geschmackvoll zubereiten und präsentieren. Im Gegensatz zu klassischem Speiseeis kann man sie auch leicht zu Hause ohne großen Aufwand zubereiten. Damit diese eisigen Köstlichkeiten auch ihr volles Aroma entfalten können, sollten sie auch wirklich halb gefroren zu Tisch kommen. Dafür das Parfait einige Minuten vor dem Servieren anrichten und bei Zimmertemperatur antauen lassen.

Zutaten

Zubereitung ca. 15 Minuten (zum Auskühlen ca. 30 Minuten)

1 mittleres Ei
1 kl. Prise Salz
30 g Staubzucker
40 g glattes Mehl

Knusperornamente

1 Rohr auf 180 °C vorheizen. Backblech mit Backpapier belegen.

2 Ei mit Salz, Staubzucker und Mehl glatt rühren. Masse in ein Papierstanitzel füllen und beliebige Ornamente auf das Backblech dressieren.

3 Ornamente ca. 3 Minuten im Rohr (mittlere Schiene) goldgelb backen. Ornamente auf dem Blech auskühlen lassen, erst dann mit einer Palette behutsam vom Papier lösen.

Schokolade-Chiliparfait

1 Förmchen (Inhalt ca. 150 ml) kalt stellen. Chilischote der Länge nach halbieren, entkernen und sehr fein hacken.

2 Ei, Dotter und Staubzucker verrühren und über Wasserdampf schaumig aufschlagen. Chili und Rum einrühren, Masse vom Dampf nehmen und weiter rühren, bis sie abgekühlt ist.

3 Kuvertüre und Butter in eine Schüssel geben und langsam über Wasserdampf schmelzen. Kuvertüre vom Dampf nehmen und in die Eimasse rühren. Masse abkühlen lassen, Obers schlagen und unterheben.

4 Parfaitmasse in die gekühlten Förmchen füllen. Parfaits mindestens 7 Stunden gefrieren.

5 Für die Sauce Eier cremig rühren. Obers, Kakao und Staubzucker verrühren und aufkochen. Mischung unter Rühren zu den Eiern gießen. Masse zurück in das Kochgefäß leeren und bei schwacher Hitze weiterrühren, bis sie cremige Konsistenz hat, nicht aufkochen! Sauce durch ein Sieb in eine Schüssel gießen, mit Frischhaltefolie zudecken und auskühlen lassen.

6 Zum Anrichten die Förmchen kurz in heißes Wasser tauchen, Parfaits auf Teller stürzen, mit der Sauce und den Knusperornamenten servieren.

Zutaten

8 Portionen, Zubereitung ca. 45 Minuten, zum Gefrieren mindestens 7 Stunden

1 kleine Chilischote
1 mittleres Ei
1 Dotter
60 g Staubzucker
3 EL Rum
200 g Kuvertüre BASIC 80 % smartbitter (klein gehackt)
70 g Butter
250 ml Schlagobers

Sauce:
2 mittlere Eier
200 ml Schlagobers
1 TL Kakao (20 % Fettgehalt)
50 g Staubzucker

Nährwert pro Portion:
500 kcal; 6 g EW; 38 g Fett; 31 g KH; 2,5 BE; 211 mg Chol.

Schokoparfait

1 Metallförmchen (Inhalt ca. 125 ml) mit kaltem Wasser ausspülen.

2 Ei, Dotter, Staubzucker, Vanillezucker und 1 kleine Prise Salz vermischen und über Wasserdampf dickcremig aufschlagen – Kessel dabei drehen und zügig schlagen, damit sich keine Klumpen bilden.

3 Sobald die Masse deutlich an Volumen zugenommen hat, vom Dampf nehmen, in eine Schüssel mit kaltem Wasser stellen und weiter rühren, bis die Masse kalt ist. Rum einrühren.

4 Parallel dazu in einem zweiten Wasserbad Kuvertüre mit Butter und Kakao schmelzen und unter die Eimasse heben, nochmals kurz kalt rühren.

5 Obers dickcremig schlagen und unter die Masse heben. Masse in die Förmchen füllen, mit Frischhaltefolie zudecken und 7 Stunden gefrieren lassen.

6 Förmchen ca. 2 Sekunden in heißes Wasser tauchen. Nach kurzer Zeit löst sich das Parfait vom Förmchen und lässt sich problemlos stürzen. Parfait mit Kuvertürespänen garnieren und mit den Marillen servieren.

Gedünstete Marillen

Marillen halbieren, entkernen und vierteln. Zucker mit Zitronensaft unter die Marillen rühren, Zimtstange zugeben. Marillen bei schwacher Hitze zugedeckt ca. 4 Minuten dünsten. Marillen auskühlen lassen, Zimtstange entfernen, Pistazien einrühren.

Zutaten

6 Portionen, Zubereitung ca. 40 Minuten, zum Gefrieren ca. 7 Stunden

1 mittleres Ei, 1 Dotter
60 g Staubzucker
1 Pkg. Vanillezucker
3 EL Rum
200 g Kuvertüre BASIC 80 % smartbitter (gehackt)
30 g Butter
2 gestr. EL Kakao (20 % Fettgehalt)
250 ml Schlagobers

6 EL Kuvertürespäne BASIC 50 % Bergmilch dunkel
Salz

Nährwert pro Stück:
384 kcal; 6,8 g EW; 26 g Fett; 28,2 g KH; 2,2 BE; 131 mg Chol.

Gedünstete Marillen:
500 g Marillen
80 g Gelierzucker
3 EL Zitronensaft
1 kleine Zimtstange
1 EL Pistazien (gehackt)

Nougatparfait
mit Beeren

1 Förmchen (Ø 8 cm, Höhe 3 cm) kalt ausspülen und kalt stellen. Gianduja in kleine Stücke schneiden und über Wasserdampf schmelzen. Wasser mit Kristallzucker aufkochen und ca. 2 Minuten köcheln.

2 Dotter und Ei mit dem Handmixer schaumig aufschlagen, Zuckersirup unter Rühren zugießen. Masse im kalten Wasserbad kalt schlagen. Gianduja und Likör einrühren. Obers cremig schlagen und unterheben. Masse in die Förmchen füllen, mit Frischhaltefolie zudecken und ca. 4 Stunden tiefkühlen.

3 Für die Garnitur Beeren putzen. Erdbeeren mit Zucker mischen und mit dem Stabmixer fein pürieren.

4 Förmchen kurz in warmes Wasser tauchen, Parfaits herausstürzen. Mit Beeren, Erdbeerpüree und den Haselnuss-Crackern garnieren.

Haselnuss-Cracker

1 Rohr auf 160 °C vorheizen. Kastenform (ca. 8 x 15 cm) mit Backpapier auslegen.

2 Eiklar cremig schlagen, Zucker zugeben und zu steifem Schnee schlagen. Nüsse und Mehl unterheben. Masse in die Form füllen und im Rohr ca. 15 Minuten backen.

3 Aus dem Rohr nehmen und auskühlen lassen. Masse in dünne Scheiben schneiden und auf ein mit Backpapier belegtes Backblech legen. Im 160 °C heißen Rohr ca. 10 Minuten knusprig backen.

Zutaten

9 Portionen, Zubereitung ca. 30 Minuten, zum Gefrieren ca. 4 Stunden

Parfait:
200 g BASIC Mandel-Gianduja
30 ml Wasser
70 g Kristallzucker
2 Dotter
1 mittleres Ei
2 EL Mandellikör
250 ml Schlagobers

Garnitur:
200 g Erdbeeren
1 EL Kristallzucker
200 g gemischte Beeren

Nährwert pro Stück:
269 kcal; 3,6 g EW; 28 g Fett; 28 g KH; 2 BE; 105 mg Chol.

Haselnuss-Cracker:
9 Portionen, Zubereitung ca. 1 Stunde
2 Eiklar (60 g)
60 g Kristallzucker
60 g Haselnüsse oder Mandeln
60 g glattes Mehl

Nährwert pro Portion:
97 kcal; 2 g EW; 4 g Fett; 12 g KH; 1 BE; 0 mg Chol.

Himbeer-Kokosbombe

1 Eine Bombenform oder runde Schüssel (Inhalt 2 l) mit Wasser ausspülen und mit Frischhaltefolie auslegen.

2 Schlagobers schlagen und kalt stellen. Kuvertüre klein hacken.

3 Milch aufkochen. Dotter und Kristallzucker mit einem Schneebesen verschlagen. Heiße Milch unter kräftigem Rühren in die Dottermasse gießen. Masse zurück in das Kochgeschirr gießen und bei schwacher Hitze unter Rühren erhitzen (nicht kochen!), bis die Masse cremig eindickt. (Im Fachjargon heißt dieser Vorgang »zur Rose abziehen«. Die Creme wird dabei auf ca. 80 °C erhitzt.)

4 Creme durch ein feines Sieb passieren. Kuvertürestücke untermischen und unter Rühren auflösen. Creme in ein kaltes Wasserbad stellen und unter Rühren abkühlen lassen. Obers unterheben. Creme kurz kalt stellen.

5 Für die Sauce Himbeeren mit Zucker vermischen, mit einem Stabmixer fein pürieren und durch ein Sieb passieren.

6 Abwechselnd Creme, Himbeeren und Himbeersauce in die Bombenform bzw. Schüssel füllen. Einen Holzstab kreisförmig durch die Massen ziehen, sodass sich die Schichten wie bei einem Marmorkuchen vermischen. Bombe für ca. 12 Stunden in den Tiefkühler stellen.

7 Himbeer-Kokosbombe aus der Form stürzen, vor dem Portionieren ca. 5 Minuten bei Zimmertemperatur stehen lassen. Erst danach aufschneiden, mit frischen Himbeeren servieren.

Zutaten

10 Portionen, Zubereitung ca. 1 Stunde, zum Gefrieren ca. 12 Stunden

Parfait:
500 ml Schlagobers
200 g Kuvertüre BASIC Kokosnuss
200 ml Milch
6 Dotter
80 g Kristallzucker

Himbeersauce:
125 g Himbeeren
1 EL Kristallzucker

Einlage:
250 g Himbeeren

Nährwert pro Portion:
389 kcal; 0,3 g EW; 1,6 g Fett; 1,4 g KH; 0,1 BE; 12 mg Chol.

Naschereien und Ausgefallenes

Kleine Schokolade-Naschereien

Schokolade zählt zu den Dingen, die das Leben angenehm versüßen. Das gilt besonders dann, wenn man sie in Form von Petit Fours oder auch Trüffeln und Pralinen serviert bekommt. Diese kleinen Köstlichkeiten entstehen aus feinsten Zutaten wie Marzipan, Nüssen und Schokolade. Fein gefüllt und glasiert bringen sie jedes Herz garantiert zum Schmelzen.

Ausgefallenes & Pikantes mit Schokolade

Ihre erste Verwendung fand die Schokolade in Südamerika als Getränk, das mit Chili gewürzt wurde. Aber auch in Europa wurde sie zunächst, vor allem in mediterranen Ländern, als Zutat in bestimmten bekannten Gerichten verwendet. Inzwischen hat sich das Schokoladefondue seinen festen Platz als Partyknüller gesichert. Ein wenig ausgefallen bleiben manche Gerichte aber trotzdem, lassen sie sich doch nicht in den traditionellen »Schokoladekatalog« einordnen. Sie sind weder Dessert, noch gehören sie zur Patisserie.

Schokoladenockerln

1 Obers aufkochen, Kuvertüre zugeben und unter Rühren darin auflösen. Kuvertüre vom Herd nehmen und auf lippenwarm abkühlen lassen.

2 Zuerst Butterstücke, dann Grappa einrühren. Masse mit Frischhaltefolie zudecken und für ca. 30 Minuten kühl stellen (die Masse soll halb fest sein).

3 Ein Brett – das in den Kühlschrank passt – mit Backpapier belegen. Aus der Masse mit 2 kleinen Löffeln Nockerln ausstechen. Die Nockerln auf das vorbereitete Brett legen und für ca. 30 Minuten kalt stellen.

4 Nockerln behutsam in Kakao wälzen und in kleine Papiermanschetten setzen.

Zutaten

ca. 40 Stück, Zubereitung ca. 30 Minuten, zum Kühlen ca. 1 Stunde

70 ml Schlagobers
200 g Kuvertüre BASIC 70 % nobelbitter (fein gehackt)
90 g weiche Butter (in Stücke geschnitten)
2 EL Grappa (Tresterbrand)

Zum Wälzen:
50 g Kakao (20 % Fettgehalt)

Nährwert pro Stück:
47 kcal; 0,8 g EW; 3 g Fett; 3 g KH; 0,3 BE; 7 mg Chol.

1 Alle Zutaten exakt abwiegen, die benötigten Geräte bereitlegen.

2 Obers aufkochen, die gehackte Kuvertüre zugeben und unter Rühren darin auflösen.

3 Mischung vom Herd nehmen, auf lippenwarm abkühlen lassen. Zuerst Butterstücke, dann Grappa einrühren.

Orangen-Nusskugeln

1 Butter in kleine Stücke schneiden, mit den übrigen Zutaten rasch zu einer glatten Masse verrühren (Kochlöffel). Masse mit Frischhaltefolie zudecken und für ca. 1 Stunde kalt stellen.

2 Aus der Masse kleine, 10–12 g schwere Kugeln formen. Kugeln in der geriebenen Kuvertüre wälzen und in Papiermanschetten setzen.

Zutaten

ca. 60 Stück, Zubereitung ca. 30 Minuten, zum Kühlen 1 Stunde

150 g weiche Butter
200 g Haselnüsse (fein gerieben)
200 g Kuvertüre BASIC 50 % Bergmilch dunkel (fein gerieben)
200 g Staubzucker
2 EL Orangenlikör
Schale von 1 Bio-Orange

Zum Wälzen:
100 g Kuvertüre BASIC 50 % Bergmilch dunkel (gerieben)

Nährwert pro Stück:
75 kcal; 0,9 g EW; 5 g Fett; 7 g KH; 0,6 BE; 6 mg Chol.

Zutaten

ca. 50 Stück, Zubereitung ca. 30 Minuten, zum Kühlen ca. 90 Minuten

200 g Mandelstifte
40 g Staubzucker
2 EL Orangenlikör
100 g Kuvertüre BASIC 30 % gelb

Nährwert pro Stück:
38 kcal; 0,9 g EW; 3 g Fett; 2 g KH; 0,2 BE; 0 mg Chol.

Rochers

1 Rohr auf 180 °C vorheizen. Backblech mit Backpapier belegen.

2 Mandelstifte mit Zucker und Likör vermischen, gleichmäßig auf dem Blech verteilen und im Rohr (mittlere Schiene) 7–8 Minuten hell rösten. Stifte aus dem Rohr nehmen, auskühlen lassen.

3 Ein kleines Brett – das in den Kühlschrank passt – mit Backpapier belegen. Kuvertüre in kleine Stücke hacken und über Wasserdampf schmelzen. Mandelstifte unterrühren.

4 Masse mit einem kleinen Löffel als Häufchen auf das Backpapier setzen und zum Festwerden für ca. 1 Stunde kalt stellen. Mandelhäufchen behutsam vom Papier lösen und in kleine Papiermanschetten setzen.

Süße Kleinigkeiten

Mandelkonfekt

1 Butter zerlassen und mit dem Honig verrühren. Marzipan in kleine Stücke schneiden und mit dem Obers in einem elektrischen Zerkleinerer zu einer feinen Paste verarbeiten. Oder in der Küchenmaschine (Schneebesen) glatt verrühren, dabei das Obers nach und nach zugeben.

2 Butter-Honigmischung mit der Marzipanmasse verrühren, anschließend Zucker, Mandeln und Kuvertüre untermischen.

3 Masse auf ein Stück Backpapier geben, ein zweites Stück Papier darauf legen und die Masse ca. 2 cm dick rechteckig ausrollen. Masse samt dem Papier auf ein Brett – das in den Kühlschrank passt – ziehen und für ca. 10 Stunden, am besten über Nacht, kalt stellen.

4 Zum Tunken Kuvertüre klein hacken und über Wasserdampf schmelzen und temperieren. Masse in Stücke (ca.1,5 x 3,5 cm) schneiden und in die geschmolzene Kuvertüre tauchen, herausheben und auf ein Stück Backpapier legen.

5 Konfekt zum Festwerden der Glasur kalt stellen. Anschließend vom Papier lösen und in Papiermanschetten setzen. Kühl und luftdicht aufbewahren!

Schokolademuster: Ein Muster wie auf dem Foto erhält das Konfekt folgendermaßen: Drücken Sie, kurz bevor die Glasur fest zu werden beginnt, eine Gabel mit den Zinken in die Glasur und ziehen sie diese langsam wieder hoch. Anschließend die Glasur fest werden lassen.

Zutaten

ca. 50 Stück, Zubereitung ca. 45 Minuten, zum Kühlen ca. 11 Stundenn

25 g Butter
1 EL Honig
180 g Rohmarzipan
70 g Schlagobers
200 g Staubzucker
120 g Mandeln (geschält, gerieben)
100 g Kuvertüre BASIC 50 % Bergmilch dunkel (geschmolzen)

Zum Tunken:
200 g Kuvertüre BASIC 70 % nobelbitter

Nährwert pro Stück:
81 kcal; 1,6 g EW; 4 g Fett; 10 g KH; 0,8 BE; 2 mg Chol.

Chocolate Fudge

Zutaten

ca. 50 Stück, Zubereitung ca. 30 Minuten, zum Kühlen mindestens 4 Stunden

1 Vanilleschote
400 g Kuvertüre BASIC 40 % Bergmilch hell (gehackt)
260 g Kondensmilch
100 g Butter

Nährwert pro Stück:
70 kcal; 1,5 g EW; 5 g Fett; 5 g KH; 0,4 BE; 8 mg Chol.

1 Mark aus der Vanilleschote kratzen. Kuvertüre mit Milch, Butter, Vanillemark und -schote über Wasserdampf unter Rühren langsam schmelzen, bis sie einzudicken beginnt (ca. 15 Minuten).

2 Ein Brett mit Alufolie belegen. Vanilleschote entfernen, Masse gut durchrühren und 2 cm hoch auf das Brett streichen. Kuvertüre mit einem Streifen Alufolie umranden (damit sie die Form behält) und für mindestens 4 Stunden kalt stellen.

3 Butterpapier in 12 x 10 cm große Rechtecke schneiden. Masse in 2 x 3 cm große Rechtecke schneiden und in das Papier wickeln; gekühlt servieren.

Studentenfutter

1 Rohr auf 160 °C vorheizen. Backblech mit Backpapier belegen.

2 Pignoli und Pistazien auf dem Blech verteilen und im Rohr (mittlere Schiene) ca. 6 Minuten rösten. Auskühlen lassen. Kirschen und Marillen in kleine Stücke schneiden.

3 Kuvertüre über Wasserdampf schmelzen, Früchte, Pignoli und Pistazien untermischen.

4 Ein kleines Brett (soll in den Kühlschrank passen) mit Backpapier belegen. Aus der Masse mit 2 kleinen Löffeln Häufchen auf das Papier setzen und für ca. 2 Stunden kalt stellen.

Zutaten

ca. 30 Stück, Zubereitung ca. 30 Minuten, zum Kühlen 3 Stunden

30 g Pignoli
30 g Pistazien
Je 50 g getrocknete Kirschen und Marillen
150 g Kuvertüre BASIC 30 % gelb (gehackt)

Nährwert pro Stück:
47 kcal; 1 g EW; 2 g Fett; 5 g KH; 0,4 BE; 1 mg Chol.

Nougatmokka

Zutaten

ca. 30 Stück, Zubereitung ca. 30 Minuten, zum Kühlen ca. 3 Stunden

400 g BASIC Haselnuss-Gianduja
15 g Kaffeebohnen
200 g Rohmarzipan

Nährwert pro Stück:
162 kcal; 2 g EW; 8 g Fett; 20 g KH; 1,6 BE; 0 mg Chol.

1 Gianduja in Stücke schneiden und über Wasserdampf schmelzen. Kaffeebohnen grob zerbrechen und in die Gianduja rühren. Masse zum Festwerden kalt stellen (ca. 3 Stunden).

2 Rohr auf 160 °C vorheizen. Backblech mit Backpapier belegen. Marzipan grob raspeln, auf dem Blech verteilen und im Rohr (mittlere Schiene) goldbraun backen (ca. 6 Minuten). Marzipan auskühlen lassen.

3 Aus der Masse mit 2 kleinen Löffeln Nockerln formen und im Marzipanstreusel wälzen. Nockerln kalt stellen.

Kokoskugeln

1 Rohr auf 160 °C vorheizen. Backblech mit Backpapier belegen.

2 100 g vom Kokosette auf dem Blech verteilen und im Rohr (mittlere Schiene) goldbraun rösten (ca. 7 Minuten). Auskühlen lassen.

3 Kuvertüre über Wasserdampf schmelzen. Kokosmilch erwärmen, mit der Kuvertüre verrühren, übriges Kokosette und Likör einrühren. Masse zum Festwerden kalt stellen (ca. 3 Stunden).

4 Aus der Masse mit einem Kaffeelöffel kleine Portionen abstechen, zu Kugeln formen und im gerösteten Kokosette wälzen. Kokostrüffel in Papiermanschetten setzen, kühl aufbewahren.

Zutaten

ca. 60 Stück, Zubereitung ca. 30 Minuten, zum Kühlen ca. 3 Std.

200 g Kokosette
230 g Kuvertüre BASIC Kokosnuss
100 ml Kokosmilch
20 g Kokoslikör

Nährwert pro Stück:
37 kcal; 0,5 g EW; 2 g Fett; 2 g KH; 0,2 BE; 0,5 mg Chol.

Pfirsichkonfekt

1 Rohr auf 180 °C vorheizen. Backblech mit Backpapier belegen.

2 Staubzucker sieben und mit dem Marzipan verkneten. Masse grob reiben. Raspel in 2 Arbeitsgängen goldbraun backen (je ca. 3 Minuten). Überkühlen lassen, mit den Händen noch etwas zerreiben oder mit dem Nudelholz darüber rollen.

3 Pfirsiche in kochendes Wasser tauchen und in Eiswasser abschrecken. Pfirsiche enthäuten, halbieren und entkernen. Jede Hälfte in 4 Würfel schneiden.

4 Kuvertüre im Wasserbad schmelzen. Pfirsichwürfel durch die Kuvertüre ziehen und in den Marzipanraspeln wälzen. Auf Backpapier setzen und für ca. 1 Stunde kalt stellen.

Zutaten

ca. 32 Stück, Zubereitung ca. 1 Stunde, zum Kühlen ca. 1 Stunde

4 Pfirsiche
50 g Staubzucker
100 g Rohmarzipan
200 g Kuvertüre BASIC 50 % Bergmilch dunkel

Nährwert pro Stück:
70 kcal; 2 g EW; 3 g Fett; 9 g KH; 0,7 BE; 0 mg Chol.

Kokosbällchen
im Hippenschüsserl

1 Für die Trüffel Kuvertüre hacken. Obers aufkochen, Kuvertüre darin auflösen, umrühren. Kokosette zugeben, Masse zudecken und für ca. 12 Stunden kalt stellen.

2 Rohr auf 170 °C vorheizen. Für die Hippenschüsserln alle Zutaten vermischen. Mithilfe einer Schablone (Ø 6 cm) Scheiben auf ein Blatt Backpapier streichen. Im Rohr (mittlere Schiene) ca. 3 Minuten goldgelb backen.

3 Backrohr öffnen, Blech im Rohr lassen. Hippenblätter nacheinander herausnehmen und rasch über eine Flaschenöffnung biegen, sodass Schüsserln entstehen. (Kühlen die Hippen zu rasch ab, brechen sie beim Formen.)

4 Masse mit dem Schneebesen leicht aufschlagen (nicht zu lange, da sie sonst gerinnt!) und zu kleinen Kugeln drehen.

5 Für die rosa Kugeln Grenadinesirup erhitzen, mit der Hälfte vom Kokosette vermischen und auskühlen lassen. Eine Hälfte der Trüffel in weißem, die andere im rosa Kokosette wälzen und in die Hippenschüsserln legen.

Zutaten

ca. 30 Stück, Zubereitung ca. 40 Minuten, zum Kühlen der Masse ca. 12 Stunden

250 g Kuvertüre BASIC Kokosnuss
125 ml Schlagobers
100 g Kokosette

Zum Wälzen:
2 EL Grenadinesirup
100 g Kokosette

Hippenschüsserln:
50 g weiche Butter
50 g glattes Mehl
50 g Staubzucker
1 Eiklar

Nährwert pro Stück:
139 kcal; 1 g EW; 11 g Fett; 9 g KH; 0,8 BE; 9 mg Chol.

Wein-Truffes

Rotwein-Truffes

1 Wein auf 250 ml einkochen und auskühlen lassen. Kuvertüre in kleine Stücke schneiden und über Wasserdampf schmelzen.

2 Butter ein wenig schaumig rühren. Wein und geschmolzene Kuvertüre abwechselnd nach und nach unter Rühren in den Butterabtrieb gießen. Masse in eine Schüssel füllen, mit Frischhaltefolie zudecken und ca. 8 Stunden kühl stellen.

3 Eine kleine Platte mit Backpapier belegen. Aus der Schokomasse mit einem kleinen Löffel gleich große Nockerln ausstechen. Zu Kugeln formen, auf die Platte setzen, ca. 3 Stunden kühl stellen.

4 Truffes behutsam in Kakao wälzen, überschüssigen Kakao entfernen und die Truffes auf eine Platte setzen.

Weißwein-Truffes

1 Wein, Zitronensaft, Zimt und Rosinen aufkochen. Mischung bei schwacher Hitze auf 250 ml einkochen und durch ein Sieb gießen (Rosinen aufbewahren). Kuvertüre in der heißen Weinmischung unter Rühren auflösen und mit einem Stabmixer kurz pürieren.

2 Butter nach und nach in die noch gut warme Masse rühren, Rosinen untermengen. Mischung in eine Schüssel füllen, mit Frischhaltefolie zudecken und 8 Stunden kühl stellen.

3 Eine kleine Platte mit Backpapier belegen. Aus der Masse mit einem kleinen Löffel gleich große Nockerln ausstechen. Zu Kugeln formen, auf die Platte setzen, ca. 3 Stunden kühl stellen.

4 Für die Garnitur Kuvertüre grob raspeln, Truffes darin wälzen und auf eine Platte setzen. Je nach Geschmack kann man die Truffes statt in Kuvertürespänen auch in fein gesiebtem Staubzucker (Puderzucker) wälzen.

Zutaten

Rotwein-Truffes:
ca. 30 Stück, Zubereitung ca. 35 Minuten, zum Kühlen gesamt ca. 11 Stunden

700 ml Rotwein
350 g Kuvertüre BASIC 70 % nobelbitter
150 g zimmerwarme Butter

Garnitur:
Kakao (20 % Fettgehalt)

Nährwert pro Stück:
119 kcal; 1 g EW; 8 g Fett; 8 g KH; 0,7 BE; 14 mg Chol.

Weißwein-Truffes:
ca. 30 Stück, Zubereitung ca. 35 Minuten, zum Kühlen ca. 11 Stunden

750 ml Weißwein (Gewürztraminer)
Saft von einer Bio-Zitrone
1 MS Zimt
50 g helle Rosinen (fein geschnitten)
400 g Kuvertüre BASIC 30 % gelb (klein gehackt)
120 g kalte Butter (klein geschnitten)

Garnitur:
150 g Kuvertüre BASIC 30 % gelb

Nährwert pro Stück:
134 kcal; 1,2 g EW; 5 g Fett; 14 g KH; 1,2 BE; 7 mg Chol.

»Warm-up«
mit Schoko-Brioche

1 Milch mit Stärke und Salz verrühren und aufkochen. Kuvertüre mit dem Stabmixer einrühren.

2 Masse mit Kardamom oder Chili würzen, in angewärmte Gläser füllen, eventuell mit Milchschaum dekorieren.

Schoko-Brioche

1 Nüsse, Kuvertüre, Ei, etwas Salz und Pfeffer verrühren und ca. 10 Minuten ziehen lassen.

2 Rohr auf 170 °C vorheizen. Backblech mit Backpapier belegen. Striezel in 20 Scheiben schneiden (ca. 2 mm; Brotschneidemaschine). Fülle darauf verteilen, Ränder dünn mit Ei bestreichen.

3 Scheiben zuklappen, leicht zusammendrücken, mit Ei bestreichen und auf das Blech legen. Ca. 10 Minuten (mittlere Schiene) backen.

Zutaten
4 Portionen, Zubereitung ca. 15 Minuten

300 ml Milch
1 gestr. TL Speisestärke
1 MS Salz
50 g Kuvertüre BASIC 70 % nobelbitter
1 Prise Chili oder Kardamom

Nährwert pro Portion:
102 kcal; 4 g EW; 4 g Fett; 14 g KH; 1 BE; 10 mg Chol.

Schoko-Brioche:
20 Stück, Zubereitung ca. 30 Minuten

70 g Haselnüsse (gerieben)
70 g Kuvertüre BASIC 70 % nobelbitter (fein geschnitten oder gerieben)
1 kleines Ei
1 Briochestriezel (altbacken)
1 Ei zum Bestreichen (verschlagen)
Salz, frisch gemahlener Pfeffer

Nährwert pro Stück:
78 kcal; 3 g EW; 4 g Fett; 9 g KH; 0,8 BE; 21 mg Chol.

Honig-Schokomilch
und Mandel-Biscotti

1 Kuvertüre fein hacken. Milch erhitzen.

2 Kuvertüre und Honig einrühren und in der Milch auflösen, eventuell mit einem Stabmixer aufschlagen. Heiß servieren.

Mandel-Biscotti

1 Rohr auf 170 °C vorheizen. Backblech mit Backpapier belegen.

2 Mehl mit Backpulver, Zimt, abgeriebener Zitronenschale und Mandeln vermischen. Kristallzucker, Vanillezucker und Eier zugeben und alles verkneten.

3 Aus dem Teig auf einer bemehlten Arbeitsfläche 3 Rollen (ca. 5 cm dick) formen. Rollen auf das Blech legen und im Rohr (mittlere Schiene) ca. 20 Minuten goldgelb backen.

4 Stangen aus dem Rohr nehmen und noch heiß in schräge, ca. 3 mm dicke Scheiben schneiden. Biscotti auf das Backblech legen und im ausgeschalteten Rohr ca. 20 Minuten trocknen lassen.

Zutaten
4 Gläser, Zubereitung ca. 20 Minuten

150 g Kuvertüre BASIC 30 % gelb
800 ml Milch
3 EL Honig

Nährwert pro Glas:
299 kcal; 10 g EW; 11 Fett; 39 g KH; 3 BE; 26 mg Chol.

Mandel-Biscotti:
ca. 120 Stück, Zubereitung ca. 75 Minuten

270 g glattes Mehl
1 TL Weinstein-Backpulver
1 MS Zimt
Schale von 1/2 Bio-Zitrone
100 g ganze Mandeln (ungeschält)
170 g Kristallzucker
1 Pkg. Vanillezucker
3 mittlere Eier
Glattes Mehl

Nährwert pro Stück:
18 kcal; 0,5 g EW; 1 g Fett; 3 g KH; 0,2 BE; 5 mg Chol.

Schokoladefondue

1 Kuvertüre in kleine Stücke brechen und über Wasserdampf langsam schmelzen (sollte nicht über 40 °C erhitzt werden – eventuell mit einem Küchenthermometer kontrollieren) und in einen vorgewärmten Fondue-Topf gießen.

2 Sobald die Sauce zu dickflüssig wird, nochmals über Wasserdampf erwärmen. Wird die Sauce dabei zu fest, in kleine Stücke geschnittenes Kokosfett unter ständigem Rühren untermischen.

Getrocknete Früchte

Zur Schokolade passen getrocknete Marillen, Feigen sowie entkernte Dörrzwetschken und Datteln. Besonders fein schmecken die Datteln, wenn man sie mit Marzipan füllt.

Frische Früchte

Äpfel, Birnen und Bananen schälen. Äpfel und Birnen vierteln, die Kerngehäuse ausschneiden. Die Früchte in ca. 2 cm große Stücke schneiden.

Exotische Früchte

Kiwis, Orangen, Mandarinen, Mangos und Papayas, geschält und in Stücke geschnitten, passen gut zur Jahreszeit und zum Schokoladefondue.

Lebkuchen

Besonders in der Weihnachtszeit passt in kleine Stücke geschnittener Lebkuchen zum Schokoladefondue.

Tipp: Keine feuchten Früchte in die Sauce tauchen, da die Kuvertüre sonst klumpig wird.

Zutaten

6 Portionen, Zubereitung ca. 15 Minuten

1,25 kg Kuvertüre BASIC 60 % feinbitter
oder Kuvertüre BASIC 40 % Bergmilch hell
evtl. Kokosfett

Nährwert pro Portion:
894 kcal; 22,8 g EW; 47 g Fett; 96 g KH; 8,2 BE; 0 mg Chol.

Glaskonfekt
in drei Varianten

Orange

1 Orangenschale dünn abheben und fein schneiden. Orange auspressen. Butter schmelzen, Zucker einrühren und hell karamellisieren. Orangenschale zugeben, durchschwenken, mit dem Saft ablöschen und auf ein Drittel einkochen. Eine Hälfte zum Garnieren reservieren, die andere mit dem Likör mischen.

2 Obers mit Salz aufkochen und vom Herd nehmen. Kuvertüre zugeben, Masse glatt rühren, Likörmischung einrühren. In Gläser füllen und kühl stellen. Mit den Orangenschalen bestreuen.

Williams

Obers mit Salz aufkochen und vom Herd nehmen. Kuvertüre zugeben, Masse glatt rühren, Williamsbrand einrühren. In Gläser füllen und kühl stellen.

Himbeer

Obers mit Salz aufkochen und vom Herd nehmen. Kuvertüre zugeben, Masse glatt rühren, Himbeerbrand einrühren. In Gläser füllen und kühl stellen.

Zutaten

8 Portionen, Zubereitung ca. 20 Minuten, zum Kühlen ca. 1 Stunde

Orange:
1 Bio-Orange
1 TL Butter
1/2 TL Zucker
150 ml Schlagobers
1 MS Salz
170 g Kuvertüre BASIC 30 % gelb (fein geschnitten)
40 ml Orangenlikör

Nährwert pro Portion:
218 kcal; 2 g EW; 13 g Fett; 20 g KH; 1,5 BE; 24 mg Chol.

Williams:
200 ml Schlagobers
1 MS Salz
100 g Kuvertüre BASIC 60 % feinbitter (fein geschnitten)
30 ml Williamsbrand

Nährwert pro Portion:
137 kcal; 2 g EW; 9 g Fett; 9 g KH; 0,8 BE; 23 mg Chol.

Himbeer:
150 ml Schlagobers
1 MS Salz
140 g Kuvertüre BASIC 40 % Bergmilch hell (fein geschnitten)
40 ml Himbeerbrand

Nährwert pro Portion:
158 kcal; 2 g EW; 11 g Fett; 9 g KH; 0,8 BE; 19 mg Chol.

Zanderfilet
mit Schokokruste

1 Für die Kruste Schinken in möglichst kleine Stücke schneiden. Butter mit 1 Prise Salz gut cremig schlagen, Dotter, Kakaonibs, Toastbrot, Pinienkerne und wenig Piment untermischen. Aus der Masse eine Rolle formen, in Frischhaltefolie wickeln und für ca. 1 Stunde kühl stellen.

2 Für die Sauce Noilly Prat, Pernod und Wein auf ein Drittel der ursprünglichen Menge einkochen. Suppe zugießen, Estragon, Lorbeer und Pfefferkörner zugeben. Fond auf die Hälfte einkochen, durch ein Sieb gießen und beiseite stellen.

3 Rohr auf 220 °C vorheizen. Auflaufform mit Olivenöl ausstreichen

4 Fischfilets mit Salz, Pfeffer und Limettensaft würzen und eine Seite in Mehl tauchen. Mit der unbemehlten Seite nach unten in die Form setzen. Kruste aus der Folie wickeln, in dünne Scheiben schneiden und die bemehlte Seite damit belegen. Filets im Rohr (mittlere Schiene/Gitterrost) 10–12 Minuten garen.

5 Parallel dazu Fond aufkochen, durch Einrühren der Butterstücke binden und mit wenig Salz, Limettensaft und abgeriebener Limettenschale verfeinern. Sauce nicht mehr kochen.

6 Erbsenschotenstreifen und Erbsenpüree in der Tellermitte anrichten. Fischfilets darauf setzen und mit Limettenfond beträufelt servieren. Als Beilage passen in feine Streifen geschnittene und kurz in Erdnussöl geröstete Erbsenschoten. Aber auch geröstete Sprossen, junger Knoblauch und Minierdäpfel.

Zutaten

4 Portionen, Zubereitung ca. 40 Minuten, zum Kühlen 1 Stunde

4 Zanderfilets ohne Haut (à 130 g)
3 EL Olivenöl
Saft von 1/2 Limette

Schokokruste:
4 dünne Scheiben Rohschinken (getrocknet)
20 g weiche Butter
1 Dotter
50 g Zotter Kakaonibs (geröstete Kakaobohnen gebrochen; feinst gehackt)
2 Scheiben entrindetes Toastbrot (fein gerieben)
50 g Pinienkerne (fein gehackt)

Limettensauce:
5 EL Noilly Prat
2 EL Pernod
5 EL Weißwein
200 ml Fisch- oder Hühnersuppe
1 Estragonzweig
1 Lorbeerblatt
4 Pfefferkörner
2 EL kalte Butterstücke
1/2 Limette

Salz, Pfeffer, Piment (gemahlen)
Mehl (griffig)

Nährwert pro Portion:
510 kcal; 34,6 g EW; 31 g Fett; 17 g KH; 1,4 BE; 185 mg Chol.

Fasanenbrust
mit Kaffee-Schokosauce

1 Fasanenbrust salzen, pfeffern und auf der Fleischseite in heißem Butterschmalz anbraten. Umdrehen und ca. 10 Minuten rosa garen, dabei mehrmals mit dem entstandenen Saft übergießen.

2 Kuvertüre klein hacken. Fond auf etwa die Hälfte einkochen, Espresso zugießen und erhitzen. Sauce vom Herd nehmen. Kuvertüre, dann Butter mit dem Schneebesen einrühren.

3 Fleisch in die Sauce legen und ganz kurz ziehen lassen. Mit den Beilagen servieren.

Brioche-Aufläufe

1 Brioche in Würfel schneiden. Milch und Obers mischen und darüber gießen.

2 Rohr auf 200 °C vorheizen. Souffléformen mit Butter ausstreichen, mit Zucker ausstreuen.

3 Eier in Dotter und Klar trennen. Dotter mit 1 Prise Salz schaumig schlagen. Brioche ausdrücken und untermengen. Eiklar zu Schnee schlagen und unterheben.

4 Förmchen in ein heißes Wasserbad stellen, Aufläufe ca. 20 Minuten im Rohr garen.

Glacierter Chicorée

Chicorée längs halbieren. Butter aufschäumen, Chicorée einlegen, Zucker einstreuen und leicht karamellisieren. Chicorée ca. 3 Minuten garen, salzen und pfeffern.

Zutaten
4 Portionen, Zubereitung ca. 30 Minuten

800 g Fasanenbrust (mit Haut, ohne Knochen)
2 EL Butterschmalz

Sauce:
70 g Kuvertüre BASIC 70 % nobelbitter
400 ml Wildfond
50 ml starker Espresso
1 EL kalte Butterstücke
Salz, Pfeffer

Nährwert pro Portion:
367 kcal; 47 g EW; 15 g Fett; 10 g KH; 1 BE; 142 mg Chol.

Brioche-Aufläufe:
4 Portionen, Zubereitung ca. 40 Minuten
250 g Briochegebäck (altbacken)
100 ml Milch
100 ml Schlagobers
4 mittlere Eier
Salz, Butter, brauner Zucker

Nährwert pro Portion:
470 kcal; 13 g EW; 28 g Fett; 41 g KH; 3,5 BE; 300 mg Chol.

Glacierter Chicorée
4 Portionen, Zubereitung ca. 15 Minuten
200 g Chicorée
1 EL Butter
20 g brauner Zucker
Salz, Pfeffer

Nährwert pro Portion:
56 kcal; 0,7 g EW; 3 g Fett; 6 g KH; 0,4 BE; 9 mg Chol.

Zutaten

6 Portionen, Zubereitung ca. 15 Minuten

100 g Trauben
1 EL Speisestärke
250 ml Apfelsaft
2 EL Honig
1 Prise Zimt (gemahlen)
50 g Walnüsse (grob gehackt)

Nährwert pro Portion:
109 kcal; 1,5 g EW; 5 g Fett; 13 g KH; 1,2 BE; 0 mg Chol.

Traubenkompott

1 Trauben halbieren und entkernen. Stärke mit 2 EL vom Apfelsaft vermischen. Übrigen Saft mit Honig und Zimt verrühren und aufkochen.

2 Stärkemischung einrühren und die Sauce köcheln, bis sie eindickt (dauert ca. 1 Minute). Trauben und Nüsse zugeben, kurz ziehen lassen und vom Herd nehmen.

Schokoladekoch
mit Bergkäse

1 Rohr auf 180 °C vorheizen. 6 Auflaufförmchen (Inhalt 150 ml) mit Butter ausstreichen und mit Kristallzucker ausstreuen. In eine Metallform mit dünnem Boden ca. 3 cm hoch Wasser gießen und ins Rohr (untere Schiene/Gitterrost) stellen.

2 Schokolade in kleine Stücke schneiden und über Wasserdampf schmelzen. Eier in Dotter und Klar trennen. Weiche Butter mit Staubzucker, Vanillezucker und 1 Prise Salz gut schaumig rühren. Zuerst geschmolzene Schokolade, dann die Dotter nach und nach unter Rühren zugeben. Eiklar mit Kristallzucker zu cremigen Schnee schlagen. Schnee, Mandeln und Bröseln behutsam unter die Schokomasse heben.

3 Förmchen bis knapp 1 cm unter den Rand füllen und ins Wasserbad stellen – die Förmchen sollen halbhoch im Wasserbad stehen. Aufläufe ca. 20 Minuten garen. Aus dem Rohr nehmen, auf Teller stürzen und mit Sabayon und Traubenkompott servieren.

Sabayon

Dotter, Eiklar, Zucker und Wein in einem Rührkessel mit einem Schneebesen gut verrühren und über Wasserdampf dickcremig aufschlagen.

Zutaten

6 Portionen, Zubereitung ca. 45 Minuten

Schokoladekoch:
1 Tafel ZOTTER Schokolade-Bergkäse-Walnüsse-Trauben
5 mittlere Eier
60 g weiche Butter
30 g Staubzucker
1 Pkg. Vanillezucker
40 g Kristallzucker
70 g geschälte Mandeln (gerieben)
3 EL Semmelbrösel

Butter, Kristallzucker, Salz

Nährwert pro Stück:
389 kcal; 9,8 g EW; 24 g Fett; 33 g KH; 2,8 BE; 228 mg Chol.

Sabayon:
6 Portionen, Zubereitung ca. 10 Minuten
3 Dotter
1 Eiklar
60 g Kristallzucker
125 ml Weißwein

Nährwert pro Stück:
91 kcal; 2,1 g EW; 3 g Fett; 10 g KH; 0,8 BE; 120 mg Chol.

Glossar

Aroma: Die Kakaobohne besitzt vermutlich über 1.000 Aromastoffe, davon sind ca. 400 von der Wissenschaft genau bestimmt. Die meisten gehören der Gruppe der Nussaromen an, viele der Gruppe der Zitrusaromen und Gewürze. Der Aromareichtum des Kakaos bildet die Grundlage für die vielen Kombinationsmöglichkeiten von Schokolade und ist sicher auch Grund für die fesselnde Wirkung, die sie auf viele Menschen ausübt.

Bio & Fair Kakao: Aus Liebe zu Mensch und Natur verwende ich ausschließlich Kakao, der aus biologischem Anbau stammt und fair gehandelt wurde. Mit einem weltweiten Handelsvolumen von derzeit 1% wird Bio-Kakao kaum sortenrein angeboten. Um die Artenvielfalt der Natur zu bewahren, wird Bio-Kakao auf Mischplantagen kultiviert.

Bioschokoladen: Als solche dürfen nur Produkte bezeichnet werden, die sich strengen Kontrollen von unabhängigen Prüfstellen unterwerfen und mit einer Kontrollnummer versehen sind.

Conchieren: Wichtiger Arbeitsschritt in der Schokoladenherstellung, der sich in der »Conche«, einer von Rudolphe Lindt erfundenen Maschine, vollzieht. Dabei wird die Kakaomasse erhitzt, gerührt und fein gerieben. Dabei verliert die Schokolade nicht nur Wasser, sondern auch unerwünschte Geruchs- und Bitterstoffe. Die Kunst ist es, unerwünschte Aromen zu entfernen, aber die erwünschten zu erhalten. Bei dunkler Schokolade sind ja zum Beispiel die Bitterstoffe durchaus erwünscht. Außerdem werden durch das Conchieren der Geschmack und die Konsistenz der Schokolade positiv beeinflusst. Je nach Kakaosorte wird sie verschieden lange conchiert.

Cuvée: Ähnlich wie beim Wein bezeichnet dieser Ausdruck den Verschnitt mehrerer Sorten Kakaobohnen und / oder Bohnen verschiedener Herkunft. Bei den meisten Schokoladen handelt es sich um Cuvées. Häufig wird diese Mischung auch als »Blend« gehandelt.

Ganache: Eine aus Kuvertüre oder Schokolade, Schlagobers und/oder Butter hergestellte Creme zum Füllen von Pralinen und anderer Süßwaren. Gerne wird sie auch zum Überziehen und Verzieren von Torten und anderem Gebäck verwendet. Sie kann mit Gewürzen, Früchten, Blüten Kaffee, Likör und vielem mehr verfeinert werden.

Gianduja: Eine ursprünglich aus Italien stammende, nougatähnliche Masse aus Zucker, Kakao (mindestens 32%), gerösteten, fein gemahlenen Haselnüssen (20-40%) oder einer Mischung aus fein gemahlenen Walnüssen und Mandeln.

Handgeschöpfte Schokolade: Gefüllte Schokolade, die, nach dem von mir 1992 erfundenen Prinzip, in Lagen und Schichten aufgebaut wird. Auf eine Grundschicht aus Schokolade werden Füllungen aufgetragen, gestrichen oder im Falle von Fruchtstücken und Nüssen eingestreusest. Abschließend wird die Kreation von gegossener BASiC-Küverture umschlossen.

Homogenisieren: Dabei wird eine stabile Verbindung zwischen Flüssigkeiten und Fett hergestellt. Im Speziellen handelt es sich dabei um die Zubereitung von Cremen (Parisercreme) oder auch Glasuren (Canache), die aus Schlagobers und Kuvertüre oder Schokolade zubereitet werden. Dafür wird die Kuvertüre oder Schokolade in heißem Obers aufgelöst, über Nacht kalt gestellt und am nächsten Tag cremig aufgeschlagen. (Vorsicht, das geht ganz schnell!) Damit dieses Vorhaben auch problemlos gelingt, wird die Schokolademischung noch heiß mit einem Stabmixer gut durchgemixt (homogenisiert). Dafür den Stab in die Masse stellen und mit kreisenden Bewegungen mixen. Währenddessen immer unter der Oberfläche bleiben, damit keine Luft mit eingerührt wird. Bläschen, die dabei entstehen können, lösen sich nur schwer wieder auf.

Kakaopulver: Die Kakaobohnen werden geröstet und anschließend unter Hochdruck gepresst. Durch diesen Vorgang wird die Masse in Kakaobutter und Kakaopresskuchen getrennt. Durch das Mahlen des Presskuchens entsteht das Kakaopulver, dessen Restfettanteil je nach Dauer des Pressvorgangs noch zwischen 10% und 20% beträgt. Liegt der Anteil unter 20 %, kann das Ka-

kaopulver im Handel als »fettarm« oder »stark entölt« gekennzeichnet werden. Angebrochene Packungen am besten bei Zimmertemperatur, gut verschlossen und lichtgeschützt aufbewahren.

Nibs: Geschälte und in kleine Stücke gebrochene Kakaobohnen.

Nougat: Besteht aus Nüssen, Zucker, Kakaobutter und Gewürzen, also ähnlich wie Kuvertüre, aber anstatt Kakaomasse werden Mandeln, Haselnüsse, Cashews, Sesam, Erdnüsse, Paranüsse, Pecannüsse, Kürbiskerne, Hanf, Macadamia usw. genommen. Manchmal gibt man zu Nougat auch eine kleine Menge Kakaomasse.

Reif: Matter, weißlicher Belag oder ungleichmäßige, raue Flecken auf der Schokolade. Man unterscheidet zwischen Fett- und Zuckerreif. Fettreif: Die Merkmale werden durch gelöste Fettpartikel, die auf der Schokolade wieder auskristallisieren, verursacht. Zurückzuführen sind sie vor allem auf falsche Temperierung bei der Herstellung, Temperaturschwankungen oder unsachgemäße Lagerung. Wenn die Schokolade zu warm gelagert wurde oder in der Verarbeitung nicht richtig temperiert wurde, kann sich an der Oberfläche eine Fettschicht absetzen, die beim Erkalten graue Schlieren (Fettreif) sichtbar macht. An sich nichts Schlechtes, aber eben unansehnlich. Zuckerreif: Oft sind die grauen Spuren, die sich auf Schokoladen bilden, gar nicht Fett- sondern Zuckerreif. Dieser entsteht vor allem auf Schokoladen, die schon lange Zeit, zumeist auch schlecht verpackt, aufbewahrt wurden. Nach dem Verdunsten der Flüssigkeit setzen sich an der Oberfläche gelöste Zuckerkristalle ab. Das ist leicht zu erkennen, die Oberfläche fühlt sich rau an.

Rohmarzipan: Rohmarzipan wird aus geriebenen Mandeln und Zucker unter Rühren im geheizten Kupferkessel hergestellt.

Säure: Die Säure ist ein wesentlicher Bestandteil von Qualitäts-Schokoladen. Eine feine, zur Süße ausgewogene Säure verleiht der Schokolade Leben und sorgt für einen anhaltenden Abgang.

Schokolade-Image: Je höher der Kakaoanteil desto gesünder: Das Image von Schokolade hat sich in den vergangenen Jahren tatsächlich verändert: vom dickmachenden Konsumprodukt zum edlen und trendigen Genussprodukt. Schokolade macht Schlagzeilen. Viele Ernährungswissenschaftler und Ärzte haben Schokolade unter die Lupe genommen und regelrecht euphorisch über die positiven Substanzen berichtet. Schokolade ist ein Quell von polyphenolen Antioxidantien, jenem Stoff, der den Alterungsprozess verlangsamt und darüber hinaus Krebs- und Herzerkrankungen verhindern soll. Außerdem wirken Serotonin, das die Stimmung hebt und andere psychoaktive Substanzen, wie das anregende Koffein, das gefäßerweiternde Theobromin, das stimmungsaufhellende Phenylethylamin und das berauschende Anandamid. Phenylethylamin, Serotonin und Anandamid werden auch beim Verliebtsein ausgeschüttet – wahrscheinlich lieben wir deshalb Schokolade. Aber Vorsicht, die wertvollen Substanzen stecken im Kakao. Daher gilt: Je höher der Kakaoanteil, desto gesünder. Und Schokolade lieber in Maßen, statt in Massen, naschen, denn Schokoladen haben natürlich schon Kalorien, und das nicht zu knapp.

Trinkschokolade: (geschüttelt oder gerührt) – Erfindung von Zotter und James Bond. Ist im Gegensatz zum Trinkkakao (Pulver) echte Schokolade mit diversen Gewürzen, die in Milch oder in Wasser aufgelöst wird. Es gibt eben Trinkschokolade oder Trinkkakao.

Tunkmasse: Österreichische Bezeichnung für Kuvertüre.

Warm und kalt schlagen: Zutaten für Cremen oder Kuchen werden zunächst in einer Schüssel über Wasserdampf gut cremig geschlagen, (wenn die Masse Eier beinhaltet, muss sie auf mindestens 75°C erhitzet werden). Anschließend wird die Mischung in eine Schüssel mit kaltem Wasser gestellt und weitergerührt, bis sie abgekühlt ist.

Zur Rose abziehen: Eine Eiercreme im heißen Wasserbad unter Rühren langsam erhitzen, bis sie eindickt. Dieser Vorgang geschieht bei ca. 80°C. Zur Kontrolle lässt man die Creme über den Kochlöffelrücken laufen und bläst darüber. Bilden sich Wellen, die an eine Rose erinnern, hat die Creme die richtige Konsistenz erreicht. Aufgepasst – wird sie zu lange erhitzt, gerinnt sie.